Die Anderen und sich selbst besser verstehen

Menschenkenntnis für den Alltag

Klaus Koeppe

Inhalt

Vorwort

„Erkenne dich selbst" – dieses Wort soll über dem antiken Orakel von Delphi gestanden haben. Sich selbst zu erkennen gehört zu den schwierigsten Aufgaben im Leben eines Menschen – wahrscheinlich ist es die schwierigste. Noch schwieriger ist nur noch der darauffolgende Schritt: sich selbst auch noch *anzunehmen*.

In der Regel ist es viel einfacher, andere Menschen zu erkennen und manchmal auch anzunehmen. Deren Probleme, deren Fehler und angenehmen Seiten können wir oft sehr gut und klar beschreiben, wenn auch aus unserem sehr subjektiven Blickwinkel. Aber uns selbst erkennen – das ist sehr schwierig.

Ich erlebe es täglich in meinen Seminaren, dass es den meisten Menschen sehr leichtfällt, sich selbst zu kritisieren, denn das gehört zur westeuropäischen Konditionierung unseres Denkens und Fühlens. Wir wurden viel kritisiert, wir haben das verinnerlicht und nun tun wir es immer so weiter. Die allermeisten Menschen halten das auch noch für eine positive Eigenschaft – welch ein Irrtum! Positiv wäre, zu sich selbst *ehrlich* zu sein. Doch wirkliche Ehrlichkeit ist das Schwerste überhaupt für Menschen unseres Kulturkreises. Ehrlichkeit dringt nämlich viel tiefer als Kritik. Ehrlichkeit fragt nach den wirklichen Zusammenhängen unseres Handelns, nach der innersten Motivation. Ehrlichkeit dringt zu den wirklichen Ängsten und Bedürfnissen unseres Menschseins vor. Und die sehen oft anders aus, als wir das gerne wollen, so dass Kritik die weitaus leichtere Variante ist.

Diese Ehrlichkeit, die ich hier meine, verzichtet auf das vorschnelle Kritisieren und Bewerten und fragt vor allem nach den inneren Zusammenhängen unserer Seele. Ehrlichkeit deckt auf und versteht, warum wir so und nicht anders handeln, denken, sprechen und fühlen.

Für viele Menschen in meinen Seminaren waren die hier niedergelegten Einsichten sehr hilfreich im Umgang mit den Menschen ihres Alltags. Deshalb habe ich mich entschlossen, dieses Wissen in Buchform niederzulegen und einem breiten interessierten Publikum nutzbar zu machen.

Den Anderen zu erkennen und zu verstehen ist ein wunderbarer erster Schritt. Der nächste Schritt sollte sein, sich selbst ehrlich anzuschauen. Dazu wünsche ich Ihnen Mut und Entdeckungsfreude – vor allem aber Liebe und Verständnis. Denn das wichtigste Ziel dieses Buches ist es, Ihnen das Verhalten der anderen Menschen und auch ihr eigenes Verhalten verstehbar zu machen, um es auf diese Weise annehmen zu können.

Ich habe die Persönlichkeitsstrukturen in vier große Gruppen eingeteilt, dabei folge ich inhaltlich dem Klassiker von Fritz Riemann: „Grundformen der Angst". Da Riemann klinischer Psychologe war, leitete er seine Erkenntnisse aus der Arbeit mit psychisch kranken Menschen ab, dementsprechend klangen auch seine Bezeichnungen der einzelnen Persönlichkeitsstrukturen eher nach kranken Menschen. Ich habe meine eigenen Studien an „normalen" und psychisch „gesunden" Menschen gemacht und Einsichten von Riemann mit den meinigen ergänzt und um viele konkrete Punkte und Beispiele erweitert. Auch habe ich andere Begriffe zur Beschreibung der einzelnen Persönlichkeitsstrukturen gewählt, um dem Leser und der Leserin nicht den Eindruck zu vermitteln, dass es sich hier um psychisch kranke oder gestörte Menschen handelt. Wie aber jeder von Ihnen weiß, ist diese Abgrenzung oft sehr schwer zu ziehen. Was ist schon normal und wo beginnt das Kranke?

Besonders wichtig ist mir, dass Sie, liebe Leserin und lieber Leser, sich immer vor Augen halten, dass alle Kategorisierungen von Menschen notwendig mangelhaft und einseitig sein müssen. Jeder Mensch ist einzigartig. Dieser Wirklichkeit werde ich hier nicht gerecht. Dennoch habe ich sie immer vor Augen, wenn ich mit Menschen arbeite. Die Verallgemeinerungen und Kategorien dieses Buches sind nicht in der Lage, den einzelnen Menschen hinreichend zu beschreiben. Sie dienen allein dazu, die inneren seelischen Zusammenhänge, die zu bestimmten Verhaltensmustern führen, besser zu verstehen und nachzuvollziehen.

Ich habe diesem Buch eine ausführliche Einleitung vorangestellt, die ihnen helfen soll, das Wesen und den Aufbau der menschlichen Persönlichkeit etwas besser und vor allem vollständiger zu verstehen. Dabei gehe ich an manchen Punkten weit über die bisher gängigen Annahmen der Psychologie hinaus. Ich folge damit meinen eigenen Einsichten und Erfahrungen aus der Arbeit mit den Menschen, die sich mir anvertraut haben und natürlich aus der nicht endenden Arbeit mit mir selbst.

Die menschliche Persönlichkeit

Unsere menschliche Persönlichkeit ist ein sehr komplexes Gebilde. Niemand kennt genau die Ausmaße, keiner kann den Menschen wirklich definieren. Es gibt verschiedene Modelle, die alle ihre Vor- und Nachteile haben.

In unserem Jahrhundert ist das Bild des Menschen stark von der sogenannten *Tiefenpsychologie* beeinflusst worden, deren wichtigste Vertreter *Sigmund Freud* und *Carl Gustav Jung* waren. Sie haben den Begriff und die Wirklichkeit des **Unbewussten** in die Psychologie eingebracht. Dieses Bild der menschlichen Persönlichkeit entspricht nicht der Selbsterfahrung des modernen europäischen Menschen.

Denn während wir Jahr um Jahr den Eindruck gewinnen, aus unserem seit dem Mittelalter erstarkten Bewusstsein heraus fast allmächtig zu sein - wir bauen Raketen, Computer, wir manipulieren die Natur, wir klonen sogar Lebewesen, jetzt auch Menschen, wir haben eine sagenhafte Technik erschaffen usw., so lehrt uns die Tiefenpsychologie, dass es in uns weit größere und mächtigere Instanzen als unser Bewusstsein gibt: Das *Unterbewusstsein* und das *Unbewusste*. Wie die Begriffe bereits verraten, handelt es sich bei diesen Bereichen unserer Persönlichkeit um etwas dem Bewusstsein Entzogenes.

Das **Bewusstsein** bezeichnet psychologisch alle Inhalte, Tätigkeiten und Funktionen, die auf das Ich bezogen sind, sofern sie auch vom Ich empfunden oder gedacht werden. Das Ich - unser Ego - ist der ‚Bewohner' des Bewusstseins. Seine Hauptfunktion ist die *Weltvermittlung*, also die Schaltstelle zwischen unserer Person und der uns umgebenden Welt. Damit sind alle Bewusstseinsfunktionen vor allem auf *Sicherheit* ausgelegt. Das Bewusstsein sichert unser Sein in der Welt. Es erkennt Gefahr und gibt uns Hinweise zum Leben und Überleben und es organisiert unentwegt die Kommunikation zwischen unserer Persönlichkeit und der (Um-)Welt. Damit ist das Bewusstsein auch ein wichtiges *Machtzentrum*. Durch *Abstraktion* gewinnt das Bewusstsein Macht über die Umwelt und über die eigene Persönlichkeit. Alle Tätigkeiten des Bewusstseins sind wesensmäßig *abstrakt*: Sprache, Rechnen, Denken, Schreiben, Naturwissenschaft, Reflexion, bewusstes Lernen. Der Computer - eine Erfindung des Menschen - spiegelt sehr anschaulich die Arbeitsweise des Bewusstseins: Entweder-Oder, Ja-Nein, 0 -1 unser Bewusstsein arbeitet analog. Bevor unser Bewusstsein Inhalte aufnehmen und verarbeiten kann, muss es sie aus den ursprünglich-ganzheitlichen Bezügen herauslösen - das meint Abstraktion. Um aus einem Baum im Wald einen Stuhl und einen Tisch zu zimmern, muss ich zuerst den Gedanken des Stuhles und Tisches haben und damit das Holz aus dem ursprünglichen Zusammenhang des Baumes im Wald herauslösen – erst einmal rein gedanklich. Von dieser Art ist unser Bewusstsein. Als Ergebnis all dieser Abstraktionen entsteht so etwas wie WELT. Eine Welt hat nur ein Bewusstsein. Oder anders herum: Bewusstsein schafft unentwegt Welt und damit eine eigene, künstliche Ordnung

8

der Gedanken und Dinge. Die europäische Logik ist ein markanter Ausdruck von Bewusstsein: A ist ungleich B. Für das Bewusstsein muss alles logisch sein. Da das Leben und die Natur aber nicht nur logisch sind, lebt das Bewusstsein immer in einer Art Wirklichkeitsverlust, erschafft es sich eine Art Schein-Welt, die es dann für die wahre Welt hält.

Wir assoziieren mit dem Bewusstsein vor allem Wachheit und Klarheit, ebenso Rationalität und die Fähigkeit, aus Wahrnehmungen und einzelnen Gedanken Schlüsse auf generelle Zusammenhänge zu ziehen.

1. Das Unterbewusstsein

Das **Unter-Bewusstsein** ist eine noch größere Instanz unserer Persönlichkeit als unser Bewusstsein. Im Unterbewusstsein werden unzählige Informationen gespeichert und bewegt, wie in einem riesigen Computernetzwerk. Es ist eine Art *Zwischenstation* zwischen Bewusstsein und Unbewusstem. Niemand weiß, wo es zu lokalisieren ist. Dass es im Gehirn angesiedelt ist, ist bisher nur eine unbewiesene Vermutung. Im Unterbewusstsein sind vor allem alles Gelernte und viele Erfahrungen abgespeichert. Sehr viele Gefühle sind dort aktiv. Die Psychologie nennt es das Unter-Bewusstsein, weil wir uns viele der dortigen Inhalte prinzipiell bewusst machen können. Nicht immer gelingt es, doch sehr häufig.

Viele unserer **Verhaltensweisen** sind unterbewusst - das meint: Wir sind bei vollem Bewusstsein, wenn wir etwas tun, aber wir merken es dennoch nicht oder dieses Verhalten wird nicht bewusst wahrgenommen. Viele von uns haben irgendwelche "Macken", z.B. Wiederholungsgesten, die sehr typisch sind. Bestimmte Fehler machen wir unterbewusst, oder wir versprechen uns, vergessen etwas, biegen in die falsche Straße ein, fahren ohne auf die Farbe des Lichtes zu achten über eine Ampel und fragen uns dann hinterher „War da eigentlich grün oder bin ich jetzt bei Rot rüber gefahren?". Wir sind oft ‚in Gedanken', wenn wir aus dem Unterbewusstsein heraus handeln. Auch die meisten unserer eingefleischten **Gewohnheiten** sind unterbewusst.

Autofahren ist ein gutes Beispiel für unterbewusstes Handeln: Bei meiner ersten eigenen Autofahrt, als ich selbst hinter dem Steuer saß, dachte ich, dass ich das niemals lernen würde, weil mein Bewusstsein sich überfordert fühlte. Ich sollte zugleich in den Rückspiegel schauen, den Blinker betätigen, den Gang einlegen und auch noch kuppeln... Mein Bewusstsein fühlte sich in diesem Moment ziemlich überfordert. Nach 10 Jahren Fahrpraxis mache ich alles ‚wie im Schlaf', das meint: aus meinem Unterbewusstsein heraus. Ich kann mich jetzt sogar mit dem Beifahrer unterhalten oder telefonieren (natürlich nur mit einer Freisprecheinrichtung!) - Autofahren ist in mein Unterbewusstsein gerutscht.

Unterbewusst sind nicht nur viele erlernte Verhaltensweisen, sondern auch Fähigkeiten, Gefühle, Gedanken und Erinnerungen. Gerade die *Erinnerungen* zeigen uns die theoretische Grenze zwischen Unterbewusstsein und Unbewusstem. Wie lange können Sie sich zurückerinnern? Vielleicht bis zum 4. oder 3. Lebensjahr? Alle diese Erinnerungen sind unter-bewusst. Sie können sie bei vollem Bewusstsein aufrufen, obwohl diese Erinnerungen nicht ständig in ihrem Bewusstsein präsent sind.

Dann gibt es aber auch Erinnerungen, die ich auch bei aller Anstrengung nicht mehr aufrufen kann, obwohl auch sie irgendwo gespeichert sind. Hier beginnt - theoretisch - das Unbewusste.

Im Unterbewusstsein sind aber auch viele unserer **Vor-Urteile** gespeichert. Viele Vorurteile haben wir von unseren Eltern und aus der Erziehung übernommen, andere haben wir selbst durch Erfahrungen hinzugefügt.

Ebenso sind viele unserer **Werte** unterbewusst. In der Pubertät haben wir oft gegen die Wertsetzungen unserer Eltern protestiert und haben uns geschworen, dass wir unsere Kinder ganz anders erziehen werden. Dann, wenn unsere eigenen Kinder in die Pubertät kommen, erscheint es uns, als hätten wir unseren Vater verschluckt, weil aus unserem Mund genau dieselben Werte herauskommen wie damals aus dem Mund unserer Eltern. Na so ein Zufall! Das Unterbewusstsein hat die guten alten Werte für uns gespeichert. Aber es sind nicht nur die Werte unserer Eltern, sondern oft auch ihre Verhaltensweisen, die sich in unserem Unterbewusstsein absetzen und von uns dann übernommen werden, ohne dass unser Bewusstsein es merkt. Wenn uns aber jemand darauf aufmerksam macht, dann können wir diesen Umstand durchaus bewusst wahrnehmen, ihn uns bewusst machen.

Im Unterbewusstsein sind alle Inhalte abgelegt, die wir entdecken, wenn wir spontan sind. Unsere **Spontaneität** ist ein wunderbarer Zugang zu den oft verborgenen Schätzen des Unterbewusstseins. Sie kennen sicher den Ausdruck des

„Freudschen Versprechers" – damit meinen wir, dass wir – oft gegen unseren bewussten Willen – etwas sagen, was unsere *wirklichen* Gedanken und Gefühle verrät. Das kann manchmal sehr peinlich sein, wenn ich z.B. anstelle der Anrede „mein lieber Freund" plötzlich sage: „mein lieber Feind". Die Bedürfnisse und Gefühle in unserem Unterbewusstsein sind oft sehr anders, manchmal sogar gegensätzlich, zu denen in unserem Bewusstsein.

Wir leben in einer sehr bewussten, das heißt auch: kontrollierten Kultur. Spontaneität ist kein Wert in unserem täglichen Leben, Kontrolle dafür ein umso höherer. In meinen Seminaren sehe ich das sehr deutlich an der Körpersprache. Ich führe viele Rhetorik- und Kommunikationsseminare durch und sehe dabei immer wieder, wie unglaublich kontrolliert die allermeisten Menschen reden, sowohl verbal als auch körpersprachlich. Sprache als auch Körpersprache wurzeln im Unterbewusstsein. Das ist sehr einfach zu sehen, wenn Menschen unter Alkohol- oder Drogeneinfluss stehen. Dann kommt das „wahre Ich" zum Vorschein. Manche Zeitgenossen werden fröhlich, andere traurig oder aggressiv. Wie auch immer: jetzt steigen die Inhalte des Unterbewusstseins unkontrollierter an die Oberfläche der Persönlichkeit. Die genaue Beobachtung der Mitmenschen offenbart, zumindest teilweise, deren unterbewusste Inhalte.

Die meisten Inhalte des Unterbewusstseins sind sprachlich organisiert. So erklärt sich auch das Phänomen der Hypnose. Menschen, deren Bewusstsein in der Hypnose zu einem großen Teil oder sogar ganz ausgeschaltet ist, können dennoch sprachlich kommunizieren. Die Sprache selbst, vor allem in spontanen Situationen, offenbart oft unterbewusste Inhalte. Der so genannte „Freud'sche Versprecher" basiert auf dieser Erkenntnis. Freud hatte als Erster den Zusammenhang von Sprache und Unterbewusstsein erkannt und genutzt.

Darüber hinaus zeigt uns die Sprache auch tiefere Einstellungen des Unterbewusstseins. Wenn Sie, liebe Leserin, lieber Leser, in ihrer Firma für eine Leistung oder eine Tat ein Feedback von ihrem Chef bekommen, dann wird – sofern sie in Deutschland arbeiten und das Feedback spontan (also aus dem Unterbewusstsein kommend) ist – zu über 90 % dabei herauskommen „Das ist nicht schlecht!" oder nur knapp und kurz: „Nicht schlecht, Meier!". In weniger als 10 % aller Fälle werden Sie hier in Deutschland zu hören bekommen „Das haben Sie wirklich gut gemacht!" oder: „Sehr gut, Meier!"
Dieses Beispiel bezieht sich nicht nur auf ihre Firma, sondern ebenso auf ihr Privatleben, z.B. den Kontakt zu ihren Freunden. Wenn ein Mensch spontan mit „nicht schlecht" antwortet, dann meint dieser damit auf jeden Fall, dass er gerade etwas Positives gesagt hat. *Bewusst* meint ihr Chef es positiv, wenn er zu ihnen „nicht schlecht" sagt. Doch diese Äußerung kommt aus seiner unterbewussten Einstellung und verrät diese. Denn an welcher inneren Skala misst ihr Chef ihre Leistung oder Tat? Oder an welcher inneren Skala messen sie selbst das, was sie anderen als Feedback geben, wenn sie, liebe Leserin und lieber Leser, „nicht schlecht" sagen? *An der Schlechtigkeit!* Die Schlechtigkeit - und nicht die Güte – einer Sache ist das unterbewusste Kriterium, an dem die Leistung oder Tat

gemessen wird. So sehen sie, dass der Gebrauch unserer Sprache sehr stark vom Unterbewusstsein gesteuert ist und dieses verrät.

Im Unterbewusstsein befinden sich unsere **sozialen Programme**. Damit meine ich jene Werte, Normen und sozialen Standards, die wir als kleine Kinder von unseren Eltern und unserer Umwelt übernommen haben. Auch das Gewissen befindet sich im Unterbewusstsein. Wir sind uns durchaus unseres Gewissens bewusst, können es aber nur ganz schwer oder gar nicht von unserem Bewusstsein her steuern. Denn das Gewissen „verwaltet" sozusagen unsere sozialen Programme, also die von uns verinnerlichten Werte, Normen und sozialen Standards. Wenn wir gegen jene verstoßen, meldet sich unser Gewissen und zeigt uns an, dass wir Gefahr laufen, die Zugehörigkeit zu unserer Gruppe zu verlieren.

Ich möchte noch einmal auf die Werte zurückkommen. Denn im Unterbewusstsein sind nicht nur die von unseren Eltern übernommenen Werte abgelegt und wirksam, sondern auch unsere eigenen **wirklichen und wahrhaftigen Werte** sind dort wirksam und handlungsleitend - und nur äußerst selten im Bewusstsein. Sie erkennen ihre eigenen Werte immer daran, wofür sie die meiste Lebensenergie und Zeit aufbringen. Viele Menschen arbeiten täglich 12 und mehr Stunden, oft auch noch am Wochenende – und reden sich und anderen ein, dass ihre Familie ihr höchster Wert sei. Das ist Unsinn und Selbstbetrug. Anerkennung und Sicherheit sind die höchsten Werte der allermeisten Menschen in Deutschland und in der westlichen Zivilisation. An diesem Punkt besteht die größte Unehrlichkeit. Zugleich ist es ein wunderbares Beispiel für die Macht des Unterbewusstseins. Wollen sie also wissen, was ihre eigenen wirklichen Werte sind, dann schauen sie sich einfach an, wofür sie die meiste Energie und Zeit aufwenden – dann haben sie ihre eigenen wahrhaften Werte gefunden und zugleich eine große Lektion über ihr eigenes Unterbewusstsein gelernt.

Sie haben hoffentlich aus den Beispielen ersehen können, dass unser Unterbewusstsein **handlungsleitend** für uns ist. Die meisten Handlungen, die wir durchaus bewusst vollziehen, haben ihre Wurzeln im Unterbewusstsein. Für die Teilnehmerinnen und Teilnehmer in meinen Seminaren ist es immer wieder eine schockierende Erfahrung, über diese Wahrheit Gewissheit zu gewinnen, vor allem, wenn wir über blockierende Gewohnheiten sprechen. In vielen meiner Seminare geht es um die Verbesserung der eigenen Zufriedenheit. Dann gehe ich mit den Menschen – immer den ehrlichen Blick auf sich selbst vorausgesetzt – all die Gewohnheiten durch, mit denen sie selbst ihre eigene Zufriedenheit blockieren. Das dauert keine 30 Minuten – ohne Drogen, ohne Hypnose, ohne Traumdeutung – und wir haben eine Menge Verhaltensweisen zusammen: Perfektionismus, Ehr-Geiz, Neid, Nicht-Nein-Sagen, falsche Anpassung, Kritiksucht, Festhalten an Altem und Gewohntem, sich nicht festlegen wollen, Ausweichen, Vereinbarungen brechen, Bequemlichkeit, Unaufrichtigkeit, Ablenkungen und Betäubungen aller Art: beginnend mit zu vielem Essen (vor allem Süßigkeiten) über Rauchen, Alkohol- und Drogenkonsum bis hin zu übermäßigem Fernsehen, Computern oder Workaholic. Ich breche die Aufzählung hier ab, weil ich damit ein ganzes Buch füllen könnte.

Diese blockierenden Gewohnheiten haben ihre Wurzeln im Unterbewusstsein, in unterbewussten Über-*Zeugungen*, aus denen vor allem Ängste erwachsen. Meinen Teilnehmerinnen und Teilnehmern fällt es dann oft wie Schuppen von den Augen, wenn sie feststellen, dass sie sich ja selbst – bei vollem Bewusstsein! – blockieren. Dramatisch ist an dieser Erkenntnis, dass es so verdammt schwer ist, gegen diese Gewohnheiten anzugehen. Warum? Weil sie in unterbewussten Ängsten wurzeln, die sehr viel Macht über uns haben.

Inhalt und Bedeutung des Unterbewusstseins möchte ich so zusammenfassen:

Das Unterbewusstsein ist der psychische Ort unserer **sozialen Programmierung** oder mit einem anderen Wort: unserer **Konditionierung**. Dort befindet sich das, was wir über uns selbst und unsere Welt für wahr halten. Unabhängig davon, ob es wirklich wahr ist oder nicht. Wir wachsen in eine Interpretation der Welt hinein, die unser Umfeld uns mitgibt. Einige Inhalte sind uns bewusst, die meisten sind aber unterbewusst. Konditionierung meint, wir Menschen haben „Programme" laufen ähnlich wie ein Computer. Die „Software" – das sind die vielen Werte, Über-*Zeugungen*, Ängste und Bedürfnisse, die wir teils von unseren Eltern übernehmen und teils durch eigene Erfahrungen und deren Auswertung hinzufügen. Die Konditionierung, die unser Unterbewusstsein enthält, ist ihrem Wesen nach emotional und wertend. Ohne dass uns das bewusst ist, leben wir unser Leben gemäß unseren innersten Überzeugungen, Ängste und Bedürfnisse. Jeder von uns tut das.

Unser Unterbewusstsein ist sehr mächtig, um ein Vielfaches mächtiger als unser kleines Bewusstsein. Mit der Macht des Unterbewusstseins gestalten wir unser Leben selbst, oft ohne es zu merken. Die meisten Menschen halten sich in gewisser Weise für Opfer, wenn nicht bewusst, so doch gefühlsmäßig und unterbewusst. Sie wollen nicht erkennen und wahrhaben, dass sie sich selbst für ihre Lebenssituation entscheiden: für ihre Partner, für ihre Arbeitsstelle, für ihre Kinder, ihren Wohnort, für ihr Land, für ihre Gesellschaft, für ihre Gewohnheiten - ja für alle ihre eigenen Erfahrungen. Besonders wenn die Erfahrungen negativ werden, dann fällt es ihnen schwer, die eigene Entscheidung zu erkennen. „Ich habe mich in dir geirrt" wird dann dem Partner gesagt. Oder „ich habe den falschen Job, die sind alle böse zu mir". Wir irren niemals – wir lernen nur, wenn wir ehrlich sind. Doch die Entscheidungen trifft jeder von uns aufgrund der eigenen innersten Über-Zeugungen, aufgrund der eigenen Konditionierungen. Wir entscheiden uns immer für die Lebenssituation, die am besten unserer unterbewussten Vorstellungen von uns selbst und unserem Leben entspricht. Das ist die harte und ehrliche Wahrheit, der die allermeisten Menschen nicht ins Auge sehen wollen.

Unser Unterbewusstsein ist erschaffend, kreativ, aktiv. Die Inhalte unseres Unterbewusstseins – Gedanken, Gefühle, Ängste, Bedürfnisse, unsere ganze seelische Konditionierung – gleicht einem gigantischen Radiosender, der ständig auf bestimmten Frequenzen sendet. Unser Unterbewusstsein ist hoch energetisch – es sendet permanent die Energien unserer Konditionierungen in unser Umfeld hinaus. Die jeweils stärksten gefühlsmäßigen und mentalen Energien werden auch am stärksten ausgesandt und kommen dann als konkrete Erfahrung zu uns zurück – auf der gleichen Frequenz.

Ein schönes Beispiel für diese Wirklichkeit ist unsere Angst. Kennen sie jemanden, der Angst vor Hunden hat? Wenn jemand wirkliche Angst vor Hunden hat, so strahlt er diese aus und jeder Hund im weiteren Umfeld wird die Frequenzen der Angst empfangen. Das Erstaunliche daran ist, dass der Hund nun genau gemäß dieser Angst reagiert, das heißt er **bestätigt** die Angst und wird aggressiv. Die Angst selbst *erzeugt* erst die Aggression des Hundes. So kommt es, dass an sich friedfertige Hunde durch starke Angst der Passanten plötzlich aggressiv werden und anfangen zu bellen, das Fell hoch zu stellen oder gar zu beißen. Der Hund handelt sozusagen „aus dem Unterbewusstsein" heraus, wenn wir annehmen, dass Hunde kein dem Menschen vergleichbares Bewusstsein, also eine „Ratio" haben.

Jedes Tier, egal ob Hund oder Katze oder Pferd oder Vogel, reagiert auf die unterbewusste Aus-Strahlung von uns Menschen. Doch wir Menschen tun das auch, nur ohne es meist zu merken, weil wir nur selten einen aktiven Zugang zum eigenen Unterbewusstsein haben. Die wenigsten Zeitgenossen können sich wirklich vorstellen, welche ungeheure Kraft und Macht unser Unterbewusstsein hat. Wir bringen es fertig, mit Hilfe unserer innersten Überzeugungen, genau das zu erschaffen, hervorzubringen, woran wir glauben, was uns geschieht. Wer Angst hat, vom Hund gebissen zu werden, der wird genau diese Erfahrung anziehen. Wer daran glaubt, sich immer an der falschen Schlange im Supermarkt anzustellen, der wird genau das jeden Tag von neuem tun und sich nur täglich darüber wundern, wie das entgegen jeder logischen Berechnung wieder möglich war. Hier waren nur zwei Kunden vor mir, dort stehen sechs. Aber irgendwie schaffe ich es, dass die Kasse kaputt geht oder die Kassiererin auswiegen geht oder irgendein Idiot vor mir mit Scheck bezahlt und ich schließlich noch nach dem sechsten Kunden von der Nachbarschlange an die Kasse komme.

Aber wer daran glaubt, im schlimmsten Berufsverkehr trotzdem einen Parkplatz zu finden, dessen Unterbewusstsein erschafft auch das. Wir ziehen das in unser Leben, wovor wir Angst haben und jenes, worauf wir *wirklich* vertrauen. Was immer das sein mag: Wir selbst erschaffen es. Unser Unterbewusstsein zieht es an, verwandelt es in konkrete Lebenserfahrung. Ich nenne deshalb die konkreten Inhalte der Konditionierung unseres Unterbewusstseins **GLAUBENSSÄTZE.** Wenn sie sich damit näher beschäftigen, wird ihnen auffallen, dass unser ganzes Leben aus Glaubenssätzen besteht und dass es keine „objektive Realität" gibt. Unser Leben ist so, wie wir im Innersten glauben, dass es sein muss. Wir selbst sind so, wie wir glauben, dass wir sind. Halten Sie sich für erfolgreich, wird der Erfolg eine notwendige Konsequenz dieser inneren Haltung sein. Halten Sie sich für einen Tölpel, werden Sie – auch bei größter Vorsicht – jeden Tag irgendwo gegen rempeln, Dinge umstoßen oder Ihren Tee oder Kaffee verschütten. Wenn Sie daran glauben, dass immer Sie die Arbeit abbekommen, dann planen Sie schon ein paar Überstunden ein, denn Sie ziehen die Arbeit damit an und Ihr Chef wird intuitiv – wie der Hund im obigen Beispiel – zu

Ihnen kommen und Sie mit Arbeit vollschütten, während die anderen Kollegen fröhlich nach Hause gehen.

Wenn Sie daran glauben, immer übersehen zu werden, dann können Sie sich die Ausgaben für auffällige Kleidung oder andere Anstrengungen sparen, denn Sie werden es auf jeden Fall schaffen, immer wieder übersehen und übergangen zu werden, weil Sie es aus-*strahlen* und Ihr Umfeld damit auffordern, genau dies zu tun.

Wenn Sie daran glauben, nicht liebenswert zu sein und verlassen zu werden, dann sollten Sie besser keine Partnerschaft eingehen, denn ich verspreche ihnen, Sie werden genau das bei Ihrem Partner oder Ihrer Partnerin erschaffen. Das ist die Macht unseres Unterbewusstseins. Es ist die Macht unserer Konditionierungen, unserer innersten Glaubenssätze, dessen, was wir tief in uns für wahr halten, das, wovor wir Angst haben oder worauf wir uneingeschränkt vertrauen. Das wird unsere Lebensrealität. Wir selbst erschaffen sie mit der Kraft unseres Unterbewusstseins. Die positiven ebenso wie die negativen.

Wer von Ihnen, liebe Leserin, lieber Leser, schon einmal eine andere Kultur kennen gelernt hat, der kann nun auch noch das **kollektive** Unterbewusstsein besser erkennen und verstehen. Die meisten unserer Konditionierungen, also unserer unterbewussten Glaubenssätze, sind nicht nur individueller, sondern auch kollektiver Art, wir teilen sie mit unserem Umfeld, mit unserer Gesellschaft und Kultur.

Kollektive unterbewusste Glaubenssätze unserer westlichen Kultur sind z.B.: Konkurrenz und damit Mangel und das Denken und Fühlen in Entwicklung.

Wir in Deutschland leben in einer der reichsten Gesellschaften, wir haben von allem Überfluss. Und doch gibt es einen ganz erschütternden, tiefgreifenden gemeinsamen Glauben an Mangel. Die Deutschen fühlen sich ständig zu kurz gekommen. Ob das im Straßenverkehr, im Supermarkt oder in der Firma ist: ständig ist da diese Angst, ich könnte benachteiligt werden und zu kurz kommen. Unsere Gesellschaft glaubt an Konkurrenz und Wettbewerb als notwendigen Motor der Entwicklung. Mit der größten Selbstverständlichkeit halten wir das für völlig logisch, klar und selbstverständlich. Dabei ist das nur eine Konditionierung, ein Glaubenssatz, eine innerste unterbewusste Überzeugung, die zu Mangelerfahrungen führt. Wir wachsen mit der Konditionierung „Konkurrenz" auf und glauben schließlich an den Satz des Highlanders „Es kann nur einen geben".

Eine Stelle wird ausgeschrieben und 50 Leute bewerben sich: jetzt muss gekämpft werden, denn nur einer kann gewinnen, alle anderen werden verlieren. Das ist das Gesetz des Mangels, die Konditionierung unserer westlichen Zivilisation. Wir könnten doch auch alle daran glauben, dass immer der die Stelle bekommt, der am geeignetsten dafür ist und die anderen, die diese Stelle nicht bekommen, eine andere, ihren Gaben viel besser entsprechende Arbeit finden. Das würde vom Verhaltensmuster dazu führen, dass jeder sich so präsentieren würde, wie er oder sie wirklich ist oder sich sieht, ehrlich, offen und unverstellt. Das Konkurrenzmuster führt aber dazu, dass sich alle Bewerber verstellen und sich in das Licht zu setzen versuchen, was sie glauben, dass die anderen von ihnen erwarten. Kollektive Glaubenssätze.

Andere Kulturen teilen diese Überzeugung keineswegs und leben demzufolge viel entspannter und zufriedener. Menschen in anderen Kulturen glauben an Fülle, obwohl sie materiell gesehen nicht einen Bruchteil von unserem Reichtum haben.

Unsere Kultur glaubt kollektiv an permanente und vor allem notwendige Weiterentwicklung: immer schneller, immer höher, immer weiter. Wir stehen unter dem Zwang, immer weiter zu *müssen*. Kein wirtschaftliches Wachstum zu verzeichnen ist die größte Katastrophe für unsere westliche Zivilisation, weil wir so konditioniert sind, weil für uns unterbewusst und völlig unreflektiert das Leben eine ewig nach oben strebende Gerade ist. Ich halte das für einen krankhaften Unsinn, aber mein ganzes Umfeld glaubt daran. Andere Kulturen glauben daran, dass das Leben ein Kreis ist oder eine Sinuskurve – und sie machen vollkommen andere Lebenserfahrungen damit.

Soviel zum Unterbewusstsein: individuell und kollektiv. Nun möchte ich ihnen einige Informationen zum menschlichen Unbewussten geben.

2.   Das Unbewusste

Im **Unbewussten** sind unsere Triebe und Instinkte ‚versteckt'. Wie der Begriff schon sagt, sind uns die konkreten Inhalte des Unbewussten eben nicht bewusst. Wir können nur erahnen und auf indirekte Weise erschließen, was sich alles im Unbewussten befindet. Die Klassiker der Tiefenpsychologie, Sigmund Freud und Carl Gustav Jung haben die Inhalte vor allem aus den Träumen der Menschen abgeleitet. Jung ging noch weiter, er widmete seine Aufmerksamkeit auch den Märchen und Mythen der Völker, denn er fand heraus, dass sie ganz analog dem Traum zu deuten waren und Aufschlüsse über die kollektiven Inhalte des Unbewussten zulassen.

Während im Unterbewusstsein die sozialen Programme – unsere mentale Konditionierung – ihren Ort haben, so ist das Unbewusste der Ort unserer **natürlichen Programme.**

Je tiefer wir in der menschlichen Seele nach „unten" steigen, desto mehr scheinen sich spezifische Aspekte der Individualität aufzulösen und Gemeinsames mit anderen Menschen, ja sogar mit der Natur, kommt zum Vorschein. Im Unbewussten befinden sich unsere Triebe, die wir mit allen anderen Säugetieren teilen: Aggression, Selbsterhaltung, Sexualität, Überlebens- und auch Todestrieb. Im Unbewussten sind unsere Grundprobleme, unsere Grundängste und unsere vor uns selbst oft gut verborgenen geheimsten Wünsche und Sehnsüchte lebendig. **Das Unbewusste ist die seelische Macht der Natur in uns**. Damit ist das Unbewusste noch mächtiger als das Unterbewusstsein. Es ist die Macht der natürlichen

Prozesse, Bedürfnisse und Ängste. Niemand verstößt ungestraft gegen die Natur, so können auch wir Menschen nicht ungestraft gegen unser Unbewusstes anarbeiten oder anleben. Die meisten Inhalte des Unbewussten scheinen vom Bewusstsein aus gesehen von negativer Art zu sein, deshalb reagieren wir mit Verdrängung darauf. Das ist leicht einzusehen. Denn unsere gesamte Zivilisation, ja jede Kultur, braucht den Triebverzicht bzw. die Triebkontrolle. Diesem Ziel dient die Verdrängung. Die Inhalte des Unbewussten werden verdrängt, im Bild: nach „unten" gedrängt, weil sie andernfalls störende Wirkung auf unser Zusammenleben hätten.

Wir verzichten täglich darauf, andere zu schlagen oder zu ermorden, obwohl uns manchmal danach wäre. Die jeweiligen Impulse sind durchaus in uns vorhanden, aber wir unterdrücken und verdrängen sie, damit unser Zusammenleben und auch unser Überleben funktioniert. In Zeiten des Krieges dringt oft das Unbewusste ungehindert nach oben: dann kommt es wie in Deutschland unter Hitler und in jüngster Zeit im Balkankrieg zu schlimmsten Entgleisungen des Menschlichen: Vergewaltigung, Mord, Folter, Brandschatzung, Plünderung und vieles mehr. Einfache, unbescholtene Bürger werden zu Mördern, Dieben und Vergewaltigern. Das ist die Macht des Unbewussten, wenn es denn losgelassen wird.

Heute erleben wir diese Macht in den zunehmenden Fällen von Amoklauf und Kinderschändung. Der Triebdruck wird für viele Menschen zu stark, die Verdrängung funktioniert irgendwann nicht mehr und die Triebe brechen unkontrolliert nach außen – oft mit verheerenden Folgen.

Das sind viele negative Beispiele. Oft hat die Begegnung mit dem eigenen Unbewussten aber auch eine heilende und befreiende Funktion. In dieser Richtung arbeiten die meisten klassischen Psychotherapien. Wenn wir uns auf verantwortliche Weise den Inhalten unseres Unbewussten stellen, dann wächst daraus sehr oft Wachstum, Heilung und sogar tiefe Weisheit. Ja, wirkliche Weisheit erwächst immer aus der Begegnung mit dem eigenen Unbewussten.

C. G. Jung hat dafür das treffende Bild des „Schattens" benutzt. Im Unbewussten lebt unser Schatten, der Teil von uns, den wir nicht sehen und anerkennen wollen, weil er nicht unserem bewussten Selbstbild entspricht. Menschen, die sich für sehr liebevoll und friedfertig halten, wollen ihre eigene natürliche Aggression oft nicht sehen und verdrängen sie ins Unbewusste. Menschen, die sich kühl, distanziert und abweisend geben, sich zurückziehen und als Single leben, verdrängen ihr tiefes Bedürfnis nach Nähe, menschlicher Wärme, nach Geborgenheit und Geliebtwerden ins Unbewusste, bis sie es selbst nicht mehr wahrnehmen. Perfektionisten und sehr kritische Menschen verdrängen ihre eigene Angst, selbst kritisiert und abgelehnt zu werden oft ins Unbewusste, bis sie schließlich selbst den bewussten Kontakt zu dieser Angst verlieren.

Die bewusste und verantwortliche Begegnung mit dem eigenen Unbewussten bedeutet Heilung für die menschliche Seele, vor allem, wenn das, was dort entdeckt wird, angenommen und in die eigene Persönlichkeit integriert werden kann.
Die wenigsten Menschen stellen sich dem eigenen Unbewussten. Die allermeisten tun das nur aus einem

enormen Leidensdruck heraus, wenn sie in eine Depression verfallen oder anderweitig psychisch krank werden.

Eine wunderbare Möglichkeit, das eigene Unbewusste wahrzunehmen, ist der **Traum**. Es gibt sehr viele verschiedene Arten von Träumen, und Sie liebe Leserin und lieber Leser, können anhand Ihrer eigenen Träume leicht den Unterschied zwischen Unterbewusstsein und Unbewusstem erkennen. Träume aus dem Unterbewusstsein können Sie in der Regel selbst recht gut deuten oder verstehen. Sie handeln von Ihrem beruflichen und privaten Alltag, von Problemen, die Sie gerade beschäftigen, von Menschen, mit denen Sie zurzeit Konflikte haben. Träume aus dem Unterbewusstsein sind Ihrem Tagesbewusstsein nicht wirklich fremd.

Anders die Träume aus dem Unbewussten. Diese sind oft voller unbekannter und fremder Bilder und Situationen. Sie sehen sich in Situationen, in denen Sie niemals waren, Sie treffen Wesen, die Sie nicht kennen und Ihnen geschehen die ungeheuerlichsten Katastrophen wie Flutwellen und Flugzeugabstürze. Oder aber Sie erleben nachts ungeahnte Glückgefühle, Orgasmen ungekannter Art oder ähnliches. Je verdrängter die Inhalte des Unbewussten sind, desto verborgener das Bild, das Ihnen Ihre Seele im Traum liefert. Manchmal sind es auch alte, verdrängte Erfahrungen, die im Traum aus dem Unbewussten verarbeitet werden wollen. Meistens sind es Probleme, die angeschaut werden wollen. Ungelöste Grundprobleme zeigen sich in immer wiederkehrenden ähnlichen oder gleichen Träumen. Der Traum ist die Art und Weise, wie das Unbewusste mit unserem Bewusstsein kommunizieren will.

Ich führe jedes Jahr Traumseminare durch, in welchen ich die Menschen lehre, ihre eigenen Träume verstehen und deuten zu lernen. Am letzten Seminartag hat dann jeder, der will, die Möglichkeit, einen eigenen Traum vorzustellen und mit meiner Hilfe gedeutet zu bekommen, so dass die ganze Gruppe am Beispiel lernen kann. Jedes Mal ist das für die Betreffenden ein erheblicher Schock, mit dem eigenen Unbewussten konfrontiert zu werden. Das ist allzu verständlich, wenn die bewusst so liebevolle Mutter feststellen muss, dass sie eigentlich ihr Kind als Last und Einschränkung ihrer Selbstentfaltung unbewusst erlebt. Oder der angepasste, nette und höfliche junge Mann von seinen erwachenden Löwen träumt und damit signalisiert bekommt, dass es nun Zeit wird, die eigene Männlichkeit, Aggression und Wildheit auszuleben.

Die Traumforschung hat uns die wesentlichsten Einsichten in die Inhalte und die Struktur des Unbewussten geliefert. Eine solche Erkenntnis besteht darin, dass das Unbewusste nicht mehr durch die Wortsprache geprägt ist, wie das Unterbewusstsein. Das Unbewusste hat eine ganz eigene Sprache, die der **Bilder und Symbole**. Es handelt sich um eine mächtige und ausdrucksstarke Sprache, die viel tiefer unseren Alltag prägt als es den meisten Menschen bekannt ist. Wir finden diese Bilder- und Symbolsprache nicht nur in unseren nächtlichen Träumen, sondern ebenso in den Märchen der Völker, in den Religionen und spirituellen Ritualen, in Kinofilmen und Video-Spielen, aber auch in unserem ganz normalen Alltag. Jeder Gegenstand kann uns zum Symbol werden – meist ohne dass wir es bewusst bemerken.

Auch der menschliche Körper ist für das Unbewusste ein symbolisches System. Dieser Umstand hat eine außerordentlich wichtige Bedeutung für das Verständnis und die Interpretation von Krankheiten. Deshalb werde ich bei der Beschreibung der einzelnen Persönlichkeitsstrukturen immer auch auf die typischen Krankheiten dieser Menschen eingehen. Denn die ins Unbewusste verdrängten Probleme manifestieren sich im menschlichen Körper, wobei die Kenntnis der symbolischen Bedeutungen der einzelnen Körperteile und Krankheiten dazu helfen kann, das verdrängte Problem zu identifizieren und bewusst zu machen.

Die Begegnung mit dem eigenen Unbewussten ist immer kritisch, weil sie uns den „anderen Teil" von uns zeigt. Dieser Teil lebt meistens jenseits von Gut und Böse und schert sich nicht um unsere bewussten Bewertungen und Maßstäbe.
Das Schwerste, was uns passieren kann – und zugleich das Heilsamste – ist die Begegnung mit unserem tiefsten Schmerz. Er ist ins Unbewusste verdrängt und wird oft ein Leben lang nicht angeschaut. Weil wir Angst haben, dass er uns vernichtet. Das Unbewusste kann ebenso vernichten als auch erschaffen. Unsere wirkliche Heilung – auch die körperliche – kommt aus dem Unbewussten. Denn der Geist bestimmt die Materie. Der Geist und die Seele sind das Ursprüngliche – der Körper folgt dieser ursprünglichen Macht – zeitlich wie sachlich.

Während sich S. Freud vor allem mit dem individuellen Unbewussten seiner Klienten beschäftigte und die Wechselwirkung zwischen Unbewusstem und Bewusstsein untersuchte, erweiterte C.G. Jung diese Sichtweise um das *kollektive* Unbewusste. Aus der Forschung am individuellen Unbewussten der Freud'schen Schule hat die heutige Psychologie den Konsens abgeleitet, dass die wichtigsten Probleme der menschlichen Persönlichkeit in den Erfahrungen der frühen Kindheit ihre seelischen Wurzeln haben. Der Zeitraum von der Schwangerschaft bis einschließlich der Pubertät definiert den Horizont des wissenschaftlichen Forschens der Psychologie des Unbewussten.

Die Jung'sche Schule verfolgt darüber hinaus auch die Idee des kollektiven Unbewussten und dessen Wirkung auf die individuelle Seele. Dabei haben Märchen, Mythen, Religionen und das kollektive Wertsystem eines Kulturkreises eine erhebliche Bedeutung. Für die Jung'sche Schule macht es einen erheblichen Unterschied für die Begegnung und Interpretation des individuellen Unbewussten, ob ich ein weißer deutscher Europäer oder ein indischer Hindu oder ein nordamerikanischer Indianer bin. Denn die kollektiven Einflüsse meiner Kultur finden sich ganz tief in meiner Seele wieder und prägen deren Grundprobleme.

Ich weiß aus meiner langjährigen Arbeit an mir selbst und mit den Menschen, die sich mir anvertraut haben, dass oft *frühere Leben* eine ganz entscheidende Bedeutung für die eigenen Lebensprobleme haben. Es ist nur eine unbewiesene Annahme, eine Konditionierung unserer westlichen Kultur, dass wir nur einmal leben und deshalb alle seelischen Probleme aus diesem Leben stammen müssen. Ich habe oft mit Menschen zu tun, deren tiefste Probleme in anderen Inkarnationen ihren Ursprung haben und die in dieses Leben wie ein ganz langer energetischer

Schatten hineinwirken. Das Unbewusste ist der seelische Ort, wo unsere Erinnerungen, Bilder, Stimmungen, Erfahrungen, Einsichten und Probleme aus früheren Leben aufbewahrt und lebendig erhalten werden. So weit zurück reicht das Unbewusste, reicht unsere geistig-seelische Wirklichkeit. Und auch das ist noch lange nicht die wirkliche Grenze, sondern nur die Grenze, die wir uns aufgrund unserer Konditionierung selber setzen. Das Unbewusste ist das Tor zu Dimensionen, vor denen es uns erschaudert – durchaus mit Recht. Denn es übersteigt alles, was sich unser kleines Bewusstsein jemals zu denken wagt. Es würde unser Bewusstsein überfordern, sprengen, außer Kraft setzen und manchmal sogar vernichten, wenn wir uns all diesen Wirklichkeiten stellten. Unser kleines Bewusstsein ist nicht dafür erschaffen, es ist nicht dafür geeignet, diesen Dimensionen zu begegnen. Und doch sind sie in uns und machen etwas mit uns. In Wahrheit prägt uns nichts so sehr wie unser Unbewusstes.

Um Sie, liebe Leserin und lieber Leser, nicht zu verwirren und zu überfordern, beschränke ich mich bei der Beschreibung der verschiedenen Persönlichkeitsstrukturen auf den derzeitigen Konsens der Psychologie, dass die wichtigsten Probleme unserer Persönlichkeit in der Zeit zwischen Schwangerschaft und Pubertät ihre entscheidenden Wurzeln haben.

Unsere menschliche Persönlichkeit hat also im Unter- und Unbewussten nicht nur ihre geschichtlichen Wurzeln, sondern wird von dorther gestaltet und geleitet. Unser individuelles Ich entwickelt sich in vielen Jahren langsam aus den Tiefen des Unbewussten heraus, entwickelt ein

Unterbewusstsein und erst ganz zum Schluss ein bewusstes Ich.

Im Bereich von Unbewusstem und Unterbewusstsein befinden sich unsere *Ur- Ängste*, unsere *Grund-Bedürfnisse und Sehnsüchte*. Die *Grundprobleme unserer Persönlichkeit* lagern hier. Von hier aus wird – ohne dass wir es bewusst wirklich wahrnehmen – unser individuelles und auch kollektives Leben gesteuert.

3. Grunderfahrungen der Kindheit prägen unsere Persönlichkeit

In den ersten Lebensjahren lernen wir Menschenwesen die grundsätzlichsten Dinge über das Leben. Die emotionalen Erfahrungen, die wir in der Zeit beginnend mit der Schwangerschaft bis zum 6. oder 7. Lebensjahr machen, prägen sich tief in unsere Persönlichkeit ein und entscheiden ganz wesentlich darüber, wie wir uns weiterentwickeln. Vor allem aber entscheidet diese wichtige Zeit über unsere grundsätzlichen seelischen Ängste und Bedürfnisse, die sich oft ein Leben lang nicht wesentlich verändern.

Es ist ein Phänomen des menschlichen Lebens, dass Kinder alle Erfahrungen der ersten 7 Lebensjahre – und oft noch darüber hinaus – auf sich selbst und ihren Wert als Mensch beziehen. Selbst wenn Kinder schlecht behandelt werden, suchen sie den Grund dafür immer in sich selbst und nicht bei den Eltern. Es gibt in den Kindern ein natürliches Bedürfnis, die Eltern zu achten und zu lieben. Einen kritischen Blick auf die Eltern entwickeln wir in der Regel erst in der Pubertät.

Wir alle mussten in unserer Kindheit verschiedene Phasen des Lebens durchlaufen, die für jeden von uns auch kritisch und beschwerlich waren. In jeder dieser Phasen mussten wir sehr Grundsätzliches lernen.

3.1 Grundvertrauen in das Leben und in Beziehung lernen (ca. 0. – 2. Lebensjahr)

Unser Leben begann mit der Erfahrung des Verlustes der schützenden Körper- und Seelenhülle unserer Mutter. Wir müssen den warmen, bergenden Bauch der Mutter verlassen und erleben - physisch und psychisch - die Geburt als Erfahrung der Kälte und des Ausgeliefertseins. So müssen wir im ersten Jahr unseres Lebens zuerst das **Vertrauen in unsere neue Existenzform** gewinnen. Unser Vertrauen zum Leben an sich und zu dieser Welt, in die wir hineingeboren wurden, entwickelt sich aus dem Verhältnis zu unserer leiblichen Mutter, denn sie ist in den ersten beiden Jahren unsere Hauptbeziehungsperson. Für uns kleine Menschenkinder gibt es kein abstraktes Vertrauen an sich, sondern nur das Vertrauen zu unserer Mutter, dass wir hier geliebt, geborgen, geschützt und behütet sind. An der Beziehung zu unserer leiblichen Mutter lernen wir unser Grundvertrauen zum Leben und zu allen Menschen, die uns später im Leben begegnen werden. Die Mutterbeziehung ist sozusagen die Ur-Beziehung, in welcher wir tief in unser Unbewusstes hinein positive oder negative Grunderfahrungen machen, die später unser ganzes Leben prägen werden.

3.2. Die Trennung von der Mutter – die ersten Ansätze des eigenen Ich (ca. 2. – 4. Lebensjahr)

Nach und nach wächst und reift unser Bewusstsein und wir müssen der Realität ins Auge schauen, dass Mutter und ich zwei völlig verschiedene Menschen sind. Am Beginn unserer Bewusstseinstätigkeit steht die **Erkenntnis des Getrenntseins** und damit die Aufgabe, ein eigener Mensch, ein einzelnes Wesen zu werden. Menschsein bedeutet immer auch, den Weg der Individuation zugehen. Das ursprünglich lateinische Wort „Individuum" bedeutet wörtlich: ein Unteilbares. Je mehr wir im Laufe unserer Entwicklung wir selbst werden und unsere Einzigartigkeit leben und gestalten, desto weniger haben wir mit den anderen Menschen gemeinsam. Individuation bedeutet also immer auch das Getrenntsein von anderen. Die Natur unterstützt uns Menschenwesen in diesem Prozess, indem sie uns in dieser Lebensphase verstärkt die Erfahrung unseres eigenen bewusst erlebten Willens gibt: die sogenannte „Trotzzeit". Die bewusst erlebte Erfahrung, einen eigenen Willen zu haben, stürzt uns als kleine Kinder in die ersten richtigen Konflikte vor allem mit der Mutter. Während Kinder im ersten Lebensjahr, vor allem, wenn sie gestillt werden, immer noch das Gefühl haben, mit der Mutter eine seelische Einheit zu bilden, zeigt die Trotzzeit, dass dies ein Irrtum ist: Mutter und Kind haben verschiedene Willen, die sich oft sogar widersprechen. In diesen ersten bewussten Konflikten erleben wir Menschenwesen uns zum ersten Mal bewusst als von der Mutter grundsätzlich getrennte Wesen. Unsere Selbstwerdung (Individuation) hat begonnen. Wir müssen mit der Erkenntnis leben lernen, dass wir mit der Mutter keine gemeinsame Seele bilden, sondern von ihr leiblich wie seelisch getrennte Wesen sind.

3.3 Konfrontation mit Regeln und Normen - die Sozialisation (ca. 3. – 5. Lebensjahr)

Nachdem wir diese Herausforderung einigermaßen überstanden haben, müssen wir feststellen, dass wir nicht mehr einfach so um unser selbst willen geliebt werden, wie bisher. Sondern nach und nach spüren wir, dass wir Zuneigung und positive Anerkennung nur dann bekommen, wenn wir ganz bestimmte Forderungen unserer Umwelt erfüllen. Positive Zuwendung und Akzeptanz sind plötzlich an *Leistung* gebunden. Wir nennen das **Sozialisation**. Auch diese Erfahrung gehört nicht gerade zum positiven Fundus und ist mit Konflikten verbunden. Während wir in den ersten beiden Lebensjahren einfach nur in die Welt schauen, spielen, essen, trinken und abführen konnten wann und wo wir wollten, ist das nun alles an Bedingungen gebunden. Jetzt hören wir täglich neue Forderungen „Sitz doch mal still" – „du sollst doch mit dem Löffel essen und nicht mit den Händen" – „nein, das macht man aber nicht" – „böser Junge, böses Mädchen – und... und... und. Es ist nicht zu vermeiden, dass unsere Eltern uns mit den Werten und Normen des sozialen Umfeldes konfrontieren. Das geschieht in jeder individuellen Lebensgeschichte auf andere Weise – aber jeder von uns muss durch diese oft kritische Phase. Wir verlieren in dieser Kindheitsphase unsere Unschuld. Alles, was wir von nun antun, wird bewertet. Die Welt wird jetzt eingeteilt in Gut und Böse, in richtig und falsch. Das Unangenehme daran aber ist: Wir werden jetzt auch nach diesen neuen Normen bewertet und fühlen uns oft nicht mehr um unserer selbst willen geliebt und angenommen.

3.4 Ein eigenes Ich entwickeln – erste Selbstfindung (Ca. 4. – 6. Lebensjahr)

Diese letzte Phase schließt unsere Kindheit im engeren Sinne ab. Nachdem wir ein Grundvertrauen in das Leben und in zwischenmenschliche Beziehung gewonnen, die erste Trennung von der Mutter überstanden und schließlich die vielen Normen, Regeln und Werte unseres sozialen Umfeldes verinnerlicht haben, müssen wir so etwas wie ein eigenes Ich entwickeln. Es ist die Zeit, in der wir zum ersten Mal die Rahmen der engen Familie überschreiten: Kindergarten, Vorschule und erstes Schuljahr konfrontieren uns mit den Forderungen der Welt. Wir wachsen in eine große soziale Gemeinschaft hinein. Um dem gewachsen zu sein, brauchen wir eine eigene Identität, ein stabiles Gefühl dafür, wer wir sind und was wir sind und wo wir hingehören. Liebevolle und konsequente Führung und Aufmerksamkeit sind in dieser Zeit besonders wichtig für Kinder. Wir brauchen Vorbilder, Grenzen und Orientierung, um diesen Schritt zu bewältigen. Unser Bewusstsein wächst und wir müssen lernen, die Forderungen des Lebens und der Umwelt mit den Bedürfnissen unserer eigenen Person zu vereinbaren.

Innerste Über-Zeugungen entstehen: Unsere Glaubenssätze

Die grundlegenden Erfahrungen, die wir in den ersten 6 Jahren unserer Kindheit machen, prägen unser Selbstbild und unsere Vorstellungen von der Welt. Aus all dem, was wir erfahren und wie wir es subjektiv erleben, schlussfolgern wir, wer und was wir sind. Alle Erfahrungen, die positiven ebenso wie die negativen, beziehen wir als Kinder auf uns selbst, wir interpretieren sie als Ausdruck unseres Selbstwertes oder Nicht-Wertes. Die aus diesen Erfahrungen gewonnenen tiefsten Überzeugungen werden unsere *Glaubenssätze.* Wir alle haben tiefsitzende Glaubenssätze über uns selbst und unsere Welt. In diesen Glaubenssätzen ist in jedem von uns definiert, wer wir sind, was wir können und nicht können, wie wertvoll oder wertlos wir sind, ob wir Gewinner oder Verlierer sind. Wir lernen, Dinge und Umstände für wahr zu halten, weil wir uns selbst und unsere Welt in ganz bestimmter Weise erfahren und interpretiert haben. Natürlich übernehmen wir auch viele der Sichtweisen unserer Eltern. Meist übernehmen wir sogar bestimmte Weisen des Fühlens und fast immer die Werte unserer Eltern. Erst in der Pubertät geschieht (oft aber nicht mit bleibenden Veränderungen) eine bewusste Auseinandersetzung mit diesen elterlichen Werten und Verhaltensweisen.

Diese **Glaubenssätze** bilden dann unsere innerste ‚Festplatte‘ wie bei einem Computer. Sie sind sozusagen unser „**Betriebssystem**", mit dem wir funktionieren - also alle Funktionen unseres Unterbewusstseins und unseres Bewusstseins werden von dort gesteuert. Da diese

Glaubenssätze tief und versteckt in uns leben, kommen wir oft nicht bewusst darauf, was uns eigentlich im Leben umtreibt. Wir spüren wohl, dass bestimmte Erfahrungen immer wieder kehren. Wir merken, dass Menschen immer ähnlich auf uns reagieren. Wir erkennen, in welchen Bereichen wir immer wieder Probleme haben und in welchen wir wunderbar vorankommen. Es will uns aber nur sehr schwer gelingen, die Ursachen dafür aufzudecken. Die sind nämlich im Unbewussten tief in uns drinnen gespeichert und wirken von dort in unser bewusstes Leben.

Ich nenne diese tiefen Programme **Glaubenssätze,** weil sie keine objektiven Aussagen über uns zum Inhalt haben, sondern eben ‚nur' das, was wir glauben, was wir annehmen, was wir für wahr halten- wovon wir ganz und gar überzeugt sind.

Und alles, wovon wir wirklich überzeugt sind, das ist auch so für uns.

Mehr noch: Wir erschaffen es täglich neu und bestätigen uns damit immer wieder unsere Überzeugung. So funktionieren Glaubenssätze.

Von diesen Glaubenssätzen handelt dieses Buch. Denn wir sind, was wir glauben, was wir sind. Und das, was wir glauben, was wir sind, haben wir aus sehr frühen Erfahrungen in unserem Leben abgeleitet. So entsteht aufgrund unserer natürlichen Anlage und unserer frühen kindlichen Erfahrungen unsere Persönlichkeitsstruktur.

4. Die Grund-Ängste und Grund-Bedürfnisse der Persönlichkeit

Wir teilen als Menschen ganz bestimmte Grund-Bedürfnisse und Grund-Ängste, die zu unserem Leben gehören und deshalb Grund und Bestandteil unserer Persönlichkeit sind. Viele dieser seelischen Grundkräfte sind uns im Alltag gar nicht bewusst.

Die menschliche Persönlichkeit folgt vier Grundimpulsen, aus denen sich Grund-Bedürfnisse und Grund-Ängste ableiten. Als Beispiel möchte ich die Kräfte des Universums anführen:

Die Erde - als Sinnbild für das individuelle Ich - bewegt sich in 24 Stunden einmal um sich selbst. Wir nennen diese kosmische Bewegung *Rotation*. Zugleich bewegt sich dieselbe Erde aber auch um die Sonne. Die Physiker nennen das die *Revolution*.

Auf der Erde bestimmen zwei Grundkräfte unser Leben: Die *Schwerkraft* und die *Fliehkraft*. Alle vier Kräfte wirken zugleich. Nur die Ausgewogenheit dieser Grundkräfte garantiert die gesetzmäßige und lebendige Ordnung, in der wir leben. Das Überwiegen oder der Ausfall einer dieser Grundkräfte würde umgehend zum Chaos führen und unser Leben gefährden oder gar unmöglich machen.

4.1   Vier seelische Grundbedürfnisse

Im übertragenen Sinn haben auch wir Menschen in unserer Seele Anteil an ähnlichen Grundkräften, die uns als ursprüngliche und lebenswichtige Bedürfnisse erscheinen.

Die Drehung der Erde um sich selbst, um ihre eigene Achse, entspricht sinnbildlich dem **menschlichen Grundbedürfnis nach Ich-Werdung und Individualität**. Jeder von uns will ein anerkanntes, geliebtes und einmaliges Einzelwesen sein. Wir wollen unverwechselbar und einzigartig sein. Wir brauchen Zeit für uns selbst, um uns zu finden. Wir brauchen Abgrenzung und Distanz, um uns selbst zu erkennen, zu fühlen und wieder aufzuladen. Jeder Mensch muss sich auch auf verschiedene Weise „um sich selbst drehen" um die eigene Individualität zu finden und auszuleben. Sie erleben dieses Grundbedürfnis, wenn Sie am Abend nach einem langen Arbeitstag erschöpft nach Hause kommen. Sie haben den ganzen Tag kommuniziert und haben das starke Bedürfnis, sich zurückzuziehen, vielleicht allein ihrem Hobby nachzugehen. Und dann öffnen Sie die Tür und Ihre beiden Kinder kommen angestürmt und überfallen Sie mit allem, was sie erlebt haben, sie wollen Ihre Aufmerksamkeit. Dann kommt auch noch Ihre Frau oder Ihr Mann und will natürlich ebenso Zeit mit Ihnen verbringen. Spätestens jetzt spüren Sie dieses tiefe Grundbedürfnis nach Distanz und Bei-sich-selbst-sein. Es ist dieses Bedürfnis nach Ruhe und Besinnung, nach Freiheit und Selbstbestimmung, nach Unabhängigkeit und Selbstverwirklichung. Keiner, der mir auf die Nerven geht! Keine Kompromisse! Ich kann ganz bei mir selbst sein, meinen eigenen Bedürfnissen folgen und muss mich endlich einmal nicht um die anderen kümmern. Jeder von uns hat auf irgendeine Weise Anteil an diesen

Bedürfnissen. Gesellschaftlich sind das eher „egoistische" Bedürfnisse, die sich ganz auf uns selbst beziehen.

Zugleich gibt es aber auch in jedem Menschen ein **Ur-Bedürfnis, zu einer Gemeinschaft zu gehören** und sich in ein höheres Ganzes einzuordnen, wie z.B. die Familie, die Freunde, das Team, das Volk... Die Bewegung der Erde um die Sonne mit samt der anderen Planeten symbolisiert dieses Grundbedürfnis. Ganz für uns allein gehen wir seelisch zugrunde. Wir brauchen die Wärme und Geborgenheit von Gemeinschaft, wir brauchen Beziehung, Verbundenheit, Nähe, um im Vollsinne Mensch zu sein und uns wohl zu fühlen. Darum gründen wir eine Familie, gehen in Vereine, verreisen mit anderen Menschen. Darum arbeiten wir gerne in einem Team. Es sind die Bedürfnisse nach Kommunikation und Nähe, nach Liebe und sozialer Wärme, die in jedem von uns eine Bedeutung haben.

Beide Grund-Bedürfnisse widersprechen sich und stehen in einer Spannung. Wir wollen sowohl individuell (das heißt: ein un-teilbares) Ich sein und *zugleich* wollen wir auch in einer Gemeinschaft eingefügt sein, um Geborgenheit und Nähe zu erfahren.

Die Schwerkraft der Erde symbolisiert unser **seelisches Grundbedürfnis nach Dauer, Beständigkeit, Ordnung, Übersicht und Sicherheit**. Die Schwerkraft bringt uns auf die Erde zurück. Seelisch gibt es ein Grund-Bedürfnis nach Wiedererkennen, nach Heimat, Sicherheit und Ordnung. Veränderung und Chaos sind nur zeitweilig zu ertragen, irgendwann müssen wir auch Ruhe finden, die Dinge wiedererkennen, ein Haus bauen, einen Pfahl in die Zeit rammen... Wir leben in einer Zeit permanenter Veränderung, das widerstrebt auch diesem Grundbedürfnis. Wir brauchen Sicherheit und auch Anerkennung, wir brauchen Ordnungen, die uns Orientierung geben. Wir brauchen Werte, nach denen wir uns ausrichten und Ziele, die uns erstrebenswert erscheinen. Ja, und es gibt auch dieses Bedürfnis nach Macht in uns – wir wollen Dinge beeinflussen, lenken und gestalten können. Dazu gehört auch ein tiefes Bedürfnis nach Anerkennung und Image. Die Automarke ist nicht jedem egal, auch nicht die Wohngegend und schon gar nicht die Karriere. Das sind Grundbedürfnisse der menschlichen Seele.

Die Fliehkraft dagegen symbolisiert unser **seelisches Grundbedürfnis nach Veränderung, Abwechslung, Wandlung und Neuem**. Wir wollen wachsen, uns ausdehnen, neue Horizonte kennen lernen. Hier lebt unser Interesse, unsere Neugier, unsere Offenheit für alles Neue und Interessante. Wir wollen nicht stehen bleiben, sondern erleben Wandlung als notwendige und auch schöne Veränderung und Entwicklung. 25 Jahre lang Urlaub am selben Ort machen ist etwas Attraktives für unseren Alt-Kanzler Kohl, aber nicht für jedermann, dazu ist die Welt zu bunt und vielfältig. Der Wunsch nach neuen Reizen, nach neuen Horizonten wird aktiviert. Alle paar Jahre sollte schon ein neues Auto her oder eine neue Frisur oder eine neue Mode. Das sind Grundbedürfnisse, von denen ganze Industriezweige leben. Hier finden wir unser Bedürfnis nach Leichtigkeit und Freude, nach Spaß – Stichwort: „Spaßgesellschaft" – alles Elemente dieser Grundbedürfnisse.

Damit leben wir in einer zweiten grundlegenden Gegensätzlichkeit: Wir streben *zugleich* nach Dauer und Sicherheit als auch nach Wandlung, Veränderung und Abwechslung.

Diese doppelte Gegensätzlichkeit unserer Grund-Bedürfnisse prägt unser Leben. Ihre spezifische Ausprägung charakterisiert unsere Persönlichkeit.

4.2   Vier seelische Grund-Ängste

Mit den vier Grund-Bedürfnissen sind auch vier Grund-Ängste verbunden.

Unser Grundbedürfnis nach Individualität ist verbunden mit der Angst, unser eigenes Ich in Beziehungen oder Gemeinschaften opfern zu müssen. Es ist die **Angst vor Ich-Verlust und Selbstaufgabe.** Es ist auch die Angst vor Abhängigkeit und damit vor dem Verlust unserer Freiheit und Selbstbestimmung. Zugehörigkeit und Geborgenheit haben ihren Preis: und der ist die Anpassung und damit der Verlust von Individualität. Wer die Erfahrung eines totalitären Regimes wie die ehemalige DDR gemacht hat oder wer einen despotischen Chef hatte, der weiß, was ich meine. Es ist die Angst, vereinnahmt, manipuliert und fremdbestimmt zu werden. Jede wirkliche Beziehung ist immer auch ein Abgeben vom eigenen Ich und in manchen Punkten ein Zugeständnis an den anderen. Deshalb kommt vor allem in Beziehungen diese Angst besonders zum Vorschein. Zurzeit führt sie zu dem gesellschaftlichen

Phänomen, dass sich immer mehr Paare scheiden lassen und immer weniger Männer und Frauen eine feste Bindung suchen oder eingehen.

Unser Grundbedürfnis nach Gemeinschaft, Zugehörigkeit, Geborgenheit und Nähe ist verbunden mit der **Grund-Angst vor Einsamkeit und Isolation**. In-Dividuation (deutsch: Un-Teilbarkeit) bedeutet auch Vereinsamung. Ich-Werdung bedeutet, mich von anderen zu unterscheiden und immer weniger mit ihnen gemeinsam zu haben. Das macht Angst, verloren zu gehen. Wir erleben die Einsamkeit des Individuums mit Angst. Hier leben unsere Trennungsängste. Wer wirklich liebt, der kennt diese tiefe Angst, den anderen verlieren zu können. Das gilt auch für die eigenen Kinder. Je intensiver das Bedürfnis nach Nähe, Liebe, Wärme und Geborgenheit ist, desto stärker werden auch die Ängste vor dem eigenen Verlassenwerden, vor Vereinsamung, Ablehnung, sozialer Kälte, Kritik und vor allem vor Konflikten.

Wir alle stehen in dem permanenten Konflikt, zugleich die Selbstbewahrung und die Selbstverwirklichung zu leben.

Der dritte Grundimpuls nach Dauer, Beständigkeit und Ordnung ist mit der **Angst vor Veränderung, mit der Angst vor allem Neuen und vor dem Wagnis** verbunden. Das Leben ist permanente Veränderung - es gibt keine wirkliche Dauer, keine wirkliche Beständigkeit --und das macht uns Angst. Ständige Veränderung erzeugt Unwohlsein. Es ist die Angst vor dem Ungewissen, ja letztlich vor dem Tod, die unser Leben prägt. Im Alltag zeigen sich diese Ängste vor

Chaos, Unordnung und Veränderung oft sehr dramatisch. Jeder liebt seine eigenen kleinen Ordnungen und reagiert oft aggressiv auf jeden vermeintlichen Angriff. All die materiellen Verlustängste haben hier ihren Ort: die Angst vor dem Verlust des Arbeitsplatzes, die Angst vor finanziellem Verlust; Angst vor dem Verlust jeglicher materieller Sicherheit bis hin zu echter Existenzangst leben hier in uns. Aber auch die Ängste vor Image-Verlust, vor Kritik und Machtverlust gehören hier her. Eine sehr deutsche Angst muss hier auch erwähnt werden: die Angst, zu kurz zu kommen, schlechter abzuschneiden als andere – als mein Nachbar, mein Kollege, mein Partner. Der Verlust der D-Mark wurde von vielen unter diesem Aspekt erlebt.

Das vierte Grundbedürfnis nach Wandlung, nach Neuem, Abwechslung und Veränderung ist verbunden mit der **Angst vor der Notwendigkeit**. Es ist die Angst, festgelegt, eingeengt und eingegrenzt zu werden. Die Angst vor Erstarrung, vor dem Stehenbleiben und vor der Langenweile ist tief in uns verwurzelt. Auch die Angst vor dem Alter, vor der damit verbundenen Einschränkung gehört hier her. Wir wollen möglichst lange jung und flexibel bleiben, damit uns alle Möglichkeiten offenstehen. Sie ist die notwendige Kehrseite des Grundbedürfnisses.
So finden wir uns in einem zweiten Lebens-Konflikt:

Wir haben zugleich Angst vor der Veränderung und der Ungewissheit des Lebensflusses als auch vor dem Festgelegtwerden und Erstarren.

Diese vier Grund-Bedürfnisse und Grund-Ängste entscheiden in ihren unterschiedlichen Ausprägungen wesentlich über unsere Persönlichkeitsstruktur:

Die Angst vor Selbst-Hingabe wird als Ich-Verlust und Abhängigkeit erlebt
Die Angst vor Selbst-Werdung wird als Ungeborgenheit und Isolation erlebt
Die Angst vor Veränderung wird als Vergänglichkeit und Unsicherheit erlebt
Die Angst vor der Notwendigkeit wird als Endgültigkeit und Unfreiheit erlebt

Die spezifische Mischung dieser Grund-Ängste und Grund-Bedürfnisse macht unsere individuelle Persönlichkeit aus und prägt unser typisches Verhalten – unser Denken, Fühlen, Sprechen und Handeln.

Jeder von uns hat alle vier Grund-Bedürfnisse und Grund-Ängste in sich. Aber nicht jeder kann sie gleichmäßig und ausgewogen leben. Durch die natürliche Anlage und frühkindliche Erfahrungen und Einflüsse verändern sich bei uns individuell die „Mischungsverhältnisse", so dass ein Gleichgewicht nur sehr selten hergestellt werden kann. Das prägt unsere individuelle Persönlichkeitsstruktur und unser typisches Konfliktverhalten. Ganz entscheidend dabei sind unsere tiefen Glaubenssätze, die liegen – im Bild gesprochen – noch unter unseren Ängsten und Bedürfnisse.

Wir können uns die seelischen Zusammenhänge so vorstellen:

1. Zuerst und „zu unterst" liegt die prägende Erfahrung in der Kindheit;
2. daraus ergeben sich die spezifischen Glaubenssätze eines Menschen;
3. aus diesen entwickeln sich ganz bestimmte Ängste,
4. aus welchen sich die Bedürfnisse ableiten,
5. die schließlich zum dominierenden Verhaltensmuster führen

Ich möchte den kausalen Aufbau dieser seelischen Kräfte an einem Beispiel veranschaulichen:

1. Ein sehr motorisches, aktives und vitales Kind wird von den Eltern als nervend erlebt und deshalb oft kritisiert. Das Kind, das dieses Verhalten aus seiner Natur heraus lebt und nicht, um die Eltern zu schikanieren, erlebt das als eine permanente Abwertung und Ablehnung seines eigenen Wesens.

2. Das Kind wird die grundlegende Überzeugung gewinnen – seinen Glaubenssatz -: „ Ich bin schlecht" – ich mache immer alles falsch, mit mir stimmt was nicht...

3. Daraus entwickeln sich verständlicher Weise grundlegende Ängste vor Kritik, Ablehnung, Demütigung und eine ganz tiefe Verunsicherung. Denn dieses Kind erlebt seine eigenen natürlichen Bedürfnisse ständig im Konflikt mit den Bedürfnissen seines Umfeldes, vor allem seiner Hauptbeziehungspersonen.

4. Notwendiger Weise entwickelt dieses Kind ein ganz ausgeprägtes Sicherheits- und Anerkennungsbedürfnis. Als Erwachsener sind Sicherheit und Anerkennung die obersten Werte.

5. Das Verhaltensmuster dieses Menschen wird durch Ehrgeiz, Perfektionismus und Kritik gekennzeichnet sein. Eine Persönlichkeit, für die Regeln, Ordnungen und feste Strukturen bis in die Kleinigkeiten des Lebens hinein eine außerordentliche Rolle spielen. Ein überdurchschnittliches Streben nach materieller Sicherheit, nach Karriere und Anerkennung wird dieses Leben prägen. Und das deshalb, weil tief in diesem Menschen der Glaubenssatz wohnt: „Ich bin schlecht". Sein ganzes Leben wird jetzt zu einem großen Beweisen, dass dies doch nicht stimmt...

Zusammenfassende Übersicht der Grund-Ängste und -
Bedürfnisse

1. Ich-bezogene Bedürfnisse und Ängste

Bedürfnisse nach:
Ruhe, Entspannung, Egoismus, in einer eigenen Welt zu
leben, Selbstverwirklichung, Freiheit, Selbstbestimmung,
Unabhängigkeit, Faulsein, bei-mir-Sein, eine starke eigene
Identität haben, Geistigkeit, Tiefe, Wesentlichkeit,
Ehrlichkeit, Klarheit, geistige Erkenntnis, Spiritualität..

Ängste vor:
Nähe, Bindung, Hingabe, Selbstverlust, seelischer
Verletzung, Zurückgewiesenwerden, Fremdbestimmung,
Unterordnung, Ich-Verlust, Manipulation, Verantwortung
für andere, Abhängigkeit im weitesten Sinne,
Einschränkung, Bevormundung, äußerer Autorität,
Beziehung, ...

2. Du-bezogene Bedürfnisse und Ängste

Bedürfnisse nach:
Harmonie, Nähe, Liebe, Geborgenheit, Gemeinsamkeit mit
anderen, Gemeinschaft, Geselligkeit, Zugehörigkeit,
Vertrauen, Helfen, gebraucht werden, sozialer Wärme,
Freunde haben, erfüllte Beziehungen, Familienleben,
Zusammenleben mit anderen, Teilen und Mit-Teilen,
Kommunikation...

Ängste vor:
Einsamkeit, Isolation, Abweisung, Abwendung anderer, Streit, Konflikt, Disharmonie, Ausgrenzung, Trennung, soziale Kälte, Krieg, Verlust von Menschen und Beziehungen, nicht gebraucht zu werden, unverstanden zu sein, Egoismus, menschliche Härte und Aggression...

3. Sicherheitsbezogene Bedürfnisse und Ängste

Bedürfnisse nach:
Sicherheit, Anerkennung, Macht, Ordnung, Übersicht, Regeln, Systeme, Kontrolle, Bodenständigkeit, Heimat, Tradition, Langfristigkeit, Planung, materielle Sicherheiten (Arbeitsplatz, Geld, Rente...), Status, Image, Karriere, Erfolg, Gewinnen, Siegen, Kämpfen, vergleichen, Werte: richtig-falsch; gut – schlecht/böse; Identifikation mit höheren Werten

Ängste vor:
Kritik, Versagen, Fehler machen, Demütigung, Veränderung, Verlieren, Verlust von Materiellem sowie allem, was unter Bedürfnissen erwähnt wurde; Zu-Kurz-Kommen, benachteiligt zu werden, Ungerechtigkeit, Chaos, Unordnung, Ohnmacht, Krankheit, Schutzlosigkeit, Unterlegenheit, ...

4. Lustbezogene Bedürfnisse und Ängste:

Bedürfnisse nach:
Leichtigkeit, Abwechslung, Spaß, jugendlich sein und
bleiben, Veränderung, nach Neuem und Neuigkeiten,
Auffallen, beachtet zu werden, Mittelpunkt sein, aus dem
Rahmen fallen, Risiko, Abenteuer, Spielen, Rollenspiel,
Ausprobieren, Ausbrechen, Grenzen überschreiten,
Neugier...

Ängste vor:
Langeweile, Monotonie, Festlegung, Regeln und starren
Ordnungen, Zwängen, etwas zu verpassen, Verantwortung,
vor dem Alter, Unlust, Konsequenz, nicht mehr interessant
zu sein, Normalität, Anstrengung, zu viel Forderungen
anderer oder des Lebens ...

Die jeweiligen Schwerpunkte unserer Ängste und
Bedürfnisse prägen im Wesentlichen unsere
Persönlichkeitsstruktur, unser gesamtes Fühlen, Denken,
Sprechen und Handeln. Die meisten Menschen zeigen eine
Persönlichkeitsstruktur, bei der ein oder zwei der oben
genannten Bereiche dominieren.

Im Folgenden stelle ich Persönlichkeitsstrukturen etwas
einseitig dar, um das besondere Gefühls-, Denk- und
Handlungsmuster dieser Menschen herauszuarbeiten. Im
Alltag finden wir auch solch einseitig entwickelte Menschen,
doch die Mehrheit unserer Mitmenschen sind
„Mischformen". Da wir Menschen ja alle Grundängste und
Grundbedürfnisse in uns haben, können wir natürlich mehr
als einen Bereich entwickeln. Das ist die Regel und auch

wünschenswert. Je einseitiger sich ein Mensch entwickelt, desto größer sind meist auch die Probleme.

Die Gruppe der Menschen, die besonders den Ich-bezogenen Ängsten und Bedürfnissen folgen, bezeichne ich als die **Distanzorientierten**. Denn sie investieren die meiste Lebensenergie in das Gestalten ihrer eigenen Welt und ins Ausleben der eigenen Bedürfnisse und zeigen sich nach außen oft distanziert.

Menschen, die besonders die Du-bezogenen Ängste und Bedürfnisse leben, nenne ich die **Beziehungsorientierten**, da bei ihnen der größte Teil ihrer Lebensenergie in das Leben und Gestalten von Beziehungen fließt.

Ordnungsorientiert bezeichne ich Menschen, die ihre Lebensenergie hauptsächlich in das Gestalten von Sicherheit, Anerkennung und Macht investieren.

Diejenigen, die ihre Lebensenergie vor allem in die spaßbezogenen Ängste und Bedürfnisse fließen lassen, nenne ich die **Rollenorientierten**. Denn sie machen oft den Eindruck, als würden sie immer eine Rolle spielen.

Persönlichkeitsstrukturen

1.   Die distanzorientierte Persönlichkeit

Diese Menschen leben ganz besonders stark den Impuls der Eigendrehung. Mehr als andere Menschen achten sie auf Selbstbewahrung und Abgrenzung. Damit verbunden ist ihr Leben von einer tiefen Angst vor Selbst-Hingabe geprägt. Distanzorientierte legen stärker als andere Wert darauf, eine eigenständige, autonome und selbstbestimmte Persönlichkeit zu sein. Deshalb richten sie ihr Leben so ein, dass sie möglichst wenig auf andere angewiesen sind. Sie wollen niemandem verpflichtet sein, niemanden brauchen. Von ihren Mitmenschen distanzieren sie sich gerne. In Gruppen verhalten sie sich still und unauffällig, am liebsten aber meiden sie Gruppen und leben und arbeiten für sich ganz allein. In der Regel wünschen sie keinen oder nur wenig Kontakt, strahlen das auch ab, so nach dem Motto: „Sprich mich nicht an!"

Distanzorientierte Persönlichkeiten brauchen viel Abstand und lassen ihre Mitmenschen nicht zu nahe an sich herankommen. Nähe wird von ihnen oft als Distanzüberschreitung erlebt und als Bedrohung des eigenen Lebensraumes - manchmal auch als Gefährdung ihrer Unabhängigkeit. Diese Menschen haben es schwer, sich gefühlsmäßig auf andere einzulassen, deshalb meiden sie mitmenschliche Nähe. Vielmehr versuchen sie, Beziehungen zu versachlichen. Ihre Zurückgezogenheit sollte aber nicht darüber hinwegtäuschen, dass sie ihr Umfeld sehr genau beobachten. Auch wenn sie scheinbar unbeteiligt wirken, nehmen sie doch sehr genau wahr, was um sie herum vor sich geht. Die Distanzorientierten würden am liebsten mit einer Tarnkappe durchs Leben gehen, von niemandem gesehen, selbst aber alles wahrnehmen. Zwischen ihnen und ihrem Umfeld klafft eine *Kontaktlücke*

Das *Grundproblem des Distanzorientierten ist sein Verhältnis zu den eigenen Gefühlen.* Diese Menschen sind von ihren eigenen Gefühlen weiter entfernt als andere. Sie sind ihnen verborgen und werden oft nicht ausreichend wahrgenommen. Deshalb fehlen diesen Menschen oft intuitive Zugänge zu Menschen und Situationen. Sie haben sozusagen eine Art „Instinkt-Schwäche" an diesem wichtigen Punkt. Es fällt ihnen schwer, andere Menschen „aus dem Bauch heraus" zu verstehen und einzuschätzen. Diese Schwierigkeit erschafft natürlich Unsicherheit, die wiederum durch verstärkte Beobachtung und Rationalität ausgeglichen wird. Ein gewisses gefühlsmäßiges Misstrauen gegenüber anderen Menschen ist für diese Menschen normal. Die Grundangst vor Ich-Verlust, Selbstaufgabe und letztlich vor emotionaler Verletzung ist es, die dieses Verhalten begründet und nötig erscheinen lässt. Aufgrund des bestehenden emotionalen Mangels haben diese Persönlichkeiten besonders den abstrakten, rationalen Intellekt geschult. Sie sind oft sehr kritisch und bilden sich ihre Meinung aufgrund rationaler Eindrücke.

Da diese Menschen alles Gefühlsmäßige verunsichert und ängstigt, streben sie oft nach „reiner" Erkenntnis, deren Resultate Sicherheit versprechen. Sie suchen oft technische und naturwissenschaftliche Berufe. Ebenso können sie aber auch zur „Einsiedlerei" neigen, sich ganz zurückziehen und dann als Künstler aus sich selbst heraus große Werke schaffen (Friedrich Nietzsche, Hermann Hesse, Kafka waren typisch distanzorientierte Künstler).

Distanzorientierte Menschen sind am wenigsten auf ihr Umfeld angewiesen. Sie brauchen nicht so sehr das Feedback der anderen, oft ist ihnen die Meinung anderer Menschen egal. Das befähigt sie dazu, sehr unangepasst zu denken und zu handeln. In Gruppen und in der Gesellschaft sind diese Menschen leicht zu erkennen. Sie beugen sich nicht dem Gruppenzwang, wenn ihnen etwas wirklich gegen den Strich geht. Für sie ist es keine Hürde, wenn alle „ja" gesagt haben zu etwas, was sie nicht wirklich wollen, aufzustehen und ganz allein gegen alle „nein" zu sagen. Nietzsche stellte sich mit seinen Gedanken gegen eine über 2000jährige Geistesgeschichte – und lebte ein vereinsamtes Leben. Nikolaus Kopernikus war in der Lage, ein revolutionär neues Weltbild zu erschaffen – aus rein intellektuell-logischen Erwägungen heraus. Er stellte sich gegen die ganze damalige Welt – nicht weil er gegen sie war, sondern weil er zu anderen Ergebnissen gekommen war und seinen Geist frei von den Vorurteilen seines Umfeldes hielt. Baruch Spinoza, ein jüdischer Philosoph, war ebenfalls ein distanzorientierter Mann. Seine Gedanken stehen bis heute in gewisser Weise jenseits des roten Fadens der abendländischen Geistesgeschichte. Distanzorientierte Künstler malen oder schreiben nicht, damit andere sie verstehen oder damit sie irgendeine Art von Anerkennung bekommen, sondern sie müssen das tun, es drängt aus ihnen heraus – ganz unabhängig davon, ob sie jemand versteht oder nicht.

Lieben und Geliebtwerden empfinden Distanzorientierte vor allem als Sichausliefern und Abhängigkeit. Da sie sich im Grunde ihres Herzens nicht ernsthaft vorstellen können, dass sie wirklich geliebt werden, neigen sie auch zu Misstrauen und stellen ihre Partner öfter auf die Probe. Diesen Menschen fehlen emotional die Zwischentöne, die Nuancen. Sie können nur sehr schwer werbend und erobernd sein oder sich liebend hingeben. Zärtlichkeit und Einfühlung in den anderen sind ihnen weitgehend fremd. Häufig steht die rein sexuelle Triebbefriedigung im Vordergrund von Beziehungen, was oft den anderen Partner verletzt, zumal wenn er anders strukturiert ist. Die Bindungshemmung führt dazu, dass partnerschaftliche Beziehungen leicht austauschbar sind. So schützt sich der Distanzorientierte davor, selbst verletzt zu werden, indem er sich nicht so tief einlässt. Dafür pflegen diese Menschen sehr wenige tiefe Freundschaften, die oft über das ganze Leben hinweg tragen. Aber auch hier wird der Kontakt eher durch Distanz geprägt sein, z.B. durch Briefe schreiben anstelle des Vier-Augen-Gesprächs. Distanzorientierte können sich in Briefen oft viel besser ausdrücken und öffnen als im persönlichen Gespräch. Es ist ihnen zu nah. Die E-Mail ist ein ausgezeichnetes Kommunikationsmittel für solche Menschen, sicher wurde sie von einem Distanzorientierten erfunden. Überhaupt bietet das Internet distanzorientierten Menschen traumhafte Möglichkeiten, es entspricht voll und ganz ihren Bedürfnissen: sie können kommunizieren ohne sich zu zeigen, z.B. mit Decknamen; die ganze Weise der Annäherung ist abstrakt – ich sehe und höre den anderen nicht, kann meine Nachrichten absenden und lesen, wann ich will, vor allem aber kann ich aus dem Verborgenen heraus kommunizieren – das alles kommt dem Distanzorientierten sehr entgegen.

Diese Menschen sind nicht für das Familienleben geboren. Natürlich haben auch Distanzorientierte das Bedürfnis nach Liebe und Geliebtwerden. In den allermeisten Fällen endet Ehe aber mit Scheidung oder Trennung. Eine solche Bindung ist dem Distanzorientierten einfach zu nah und aufdringlich. Auch mit Kindern können diese Menschen erst dann etwas anfangen, wenn sie ein ausgeprägtes Bewusstsein haben und sie sich mit ihnen auf rationaler und intellektueller Ebene austauschen können.
In Partnerschaften werden Distanzorientierte oft auf getrennte Schlafzimmer, besser noch: auf getrennte Wohnungen bestehen. Der Distanzorientierte fühlt sein „eigenes Reich" sehr schnell bedroht und reagiert darauf mit Rückzug. Er braucht immer einen Fluchtort, wo er sich zurückziehen kann. In der Regel entwickeln Distanzorientierte nur eine vergleichsweise schwache Bindung an die eigene Familie, deshalb fällt es ihnen im entscheidenden Moment relativ leicht, den Partner und die eigenen Kinder zu verlassen.

Distanzorientierte mögen oft auch nicht beschenkt werden, weil sie jedes Geschenk als Verpflichtung erleben und zudem nicht wissen, wie sie emotional darauf reagieren sollen. Ganz besonders unangenehm ist es dem Distanzorientierten, ein Geschenk zu bekommen, mit dem auch noch eine versteckte oder offene Botschaft verbunden ist. Nun bekommt vermutlich niemand gerne solche Geschenke, aber beim Distanzorientierten kann das leicht in eine aggressive Reaktion umschlagen.

Beispiel:
Ich selbst habe größere distanzorientierte Anteile und ich mag es nicht, wenn ich Blumen geschenkt bekomme. Ich kann sie nicht essen und nicht trinken – aber sie machen mir auch noch Arbeit: ich muss sie gießen und pflegen und schließlich sterben sie und fangen an zu stinken. Ich mag keine Arbeit geschenkt bekommen. Und die Steigerung von Blume ist: Blumentopf! Diese Pflanze verlangt oft jahrelange Pflege – welch ein Graus für den Distanzorientierten.

Der typische Distanzorientierte möchte sich nicht kümmern müssen – außer um sich selbst und das, was ihn wirklich interessiert. Also vermeidet er alles, was in Kümmern oder zusätzlicher Verantwortung ausarten könnte.

Diese Menschen bevorzugen deshalb Mietwohnungen anstelle von Eigenheimen. Wenn der Hahn tropft, rufen sie den Hauswart, während sie beim Eigenheim selbst die Verantwortung tragen würden. Wenn das Dach undicht ist, verständigen sie lieber den Hausbesitzer als selbst Hand an zu legen. Eigentum verpflichtet – deshalb streben Distanzorientierte nicht sonderlich danach, weil sie diese Verpflichtung meiden. Wenn ihnen der Nachbar auf den Geist geht, ziehen sie einfach aus. Die Mietwohnung ist die Wohnlösung mit der geringsten Bindung – wunderbar für distanzorientierte Menschen!

Ganz in diesem Sinne fahren Distanzorientierte gerne Gebrauchtwagen oder Leasing-Autos. Letztere haben den Vorteil, dass sie genau dann abgestoßen werden, wenn die Reparaturen, also das „Kümmern" beginnt. Der finanzielle

Aspekt ist für den Distanzorientierten dabei untergeordnet, er zahlt für seine Unabhängigkeit gerne einen Euro mehr. An diesem Punkt dreht er den Cent nicht um. Natürlich sind die Distanzorientierten auch die Kundengruppe, die ihr Auto am liebsten im Internet kauft – ohne persönlichen Kontakt, schön distanziert, sachlich, nüchtern, neutral und ohne dieses unangenehme Handeln und Feilschen – das können distanzorientierte ganz schlecht.

In Beziehungen verhalten sich Distanzorientierte oft stark egozentrisch oder gar egoistisch. Ihnen fällt es leicht, die eigenen Interessen auszuleben und den eigenen Bedürfnissen nachzugehen. Wenn der Partner das nicht in der gleichen Weise kann – sein oder ihr Pech. Aber tief im Herzen des Distanzorientierten sitzt die Angst, gerade in der Liebe enttäuscht zu werden. Er hat eine tiefe Angst, vom geliebten Partner erst abhängig und schließlich sogar verletzt werden. Deshalb vermeidet er zu tiefe emotionale Bindungen.
Um Enttäuschungen vorzubeugen, bedienen sich diese Menschen öfter der „Enttäuschungs-Prophylaxe": sie investieren gar nicht erst Gefühle und Erwartungen - auf diese Weise können sie auch nicht enttäuscht werden.

Distanzorientierte glauben tief in ihrer Seele, dass sie nicht wirklich liebenswert sind. Deshalb fällt es ihnen so schwer zu glauben, dass der Partner ihn oder sie wirklich liebt. Sie können es sich nicht wirklich vorstellen, dass ein anderer Mensch sie liebt. Deshalb stellen sie ihre Partner öfter mit ihrem Verhalten auf die Liebes-Probe, so nach dem Motto: "Wenn er/sie mich trotz meines (unmöglichen) Verhaltens liebt, liebt er/sie mich wirklich."

Beispiel:

Ein stark distanzorientierter Mann heiratete zwei Mal und verließ jeweils die Familien, die erste mit 3, die zweite mit 2 Kindern. Zu den Kindern baute er erst dann einen rational-intellektuellen Kontakt auf, als diese seinen philosophischen Ideen folgen konnten. In seinen Partnerschaften verhielt er sich extrem egozentrisch. Wenn seine Frau einen gemeinsamen Ausflug in die Stadt mit ihm plante, dann zog er sich besonders schmutzige und kaputte Sachen an, um sie zu provozieren. Das dahinter liegende psychische Muster lautet etwa so: „Du behauptest, mich zu lieben? Aber liebst du mich auch, wenn ich so unmöglich herumlaufe?" Auf diese Weise schaffen es distanzorientierte Menschen natürlich irgendwann, sich zu beweisen, dass sie doch nicht so geliebt werden – was zu beweisen war!

Sex und geschlechtliche Liebe stehen für Distanzorientierte ganz im Zeichen ihrer Triebe. Da bedarf es keiner oder wenig Anlaufzeit. Vor- und Nachspiel dürfen gerne ausfallen, da der Geschlechtsakt selbst und die damit verbundene Spannungserleichterung im Vordergrund stehen. Der Austausch von Zärtlichkeiten, Streicheleinheiten, Küssen und ähnlichen „Nebensächlichkeiten" haben wenig Platz im Geschlechtsleben Distanzorientierter. Eine mir bekannte Psychologin pflegte immer zu sagen: „Distanzorientierte Männer benutzen Frauen wie eine Samentoilette" – ein durchaus treffender Vergleich, nur dass heute diese Persönlichkeitsstruktur in wachsendem Maß auch für Frauen gilt. Da beim Sex die eigene geschlechtliche Entspannung für den Distanzorientierten im Vordergrund steht, kommt der Geschlechtspartner oft emotional zu kurz, manchmal kann er sich geradezu benutzt fühlen.

Dennoch gibt es auch in der Seele des Distanzorientierten eine innerste, tiefste Sehnsucht nach Hingabe und Geliebtwerden. Diese staut sich durch Unterdrückung auf und verstärkt die Angst vor Ich-Verlust, so dass schließlich Hingabe nur noch als völliges Sichausliefern, als Ich-Aufgabe und Verschlungenwerden vom anderen vorgestellt werden kann. Manchmal kommt es auch zur Dämonisierung des Partners.

Ähnlich wie mit allen Gefühlen gehen Distanzorientierte auch mit der **Aggression** und mit **Konflikten** um. Da diese Menschen ihre eigenen Gefühle lange zurückhalten und oft selbst nicht ausreichend wahrnehmen, geben sie wenig oder keine Signale nach außen. Manchmal stauen sich Gefühle - im Konfliktfall vor allem Aggressionen - in diesen Menschen an, ohne dass es von außen bemerkbar ist – im Volksmund „Pokerface" genannt. Dann kann es passieren, dass urplötzlich und unerwartet Aggressionen aus ihnen herausbrechen - meist der Situation nicht angemessen. Diese Wutausbrüche sind, weil sich die Emotionen angestaut haben, unverhältnismäßig zum Problem oder Konflikt. Die Aggression ist aber meist nicht nachtragend. Sie brausen auf, oft vergreifen sie sich dabei im Ton - scharf, angreifend, ausfallend und verletzend -, doch dann sind sie schneller beruhigt als erwartet, weil sie den emotionalen Druck losgeworden sind. Nehmen Sie diese Äußerungen nicht zu persönlich! Oft ist es diesen Menschen hinterher auch peinlich, weil sie spüren, dass sie übers Ziel hinausgeschossen sind. Aber in diesen Momenten können sie sich nicht mehr steuern. Das zu wissen ist wichtig für den Konfliktfall.

Diese „Explosionen" sind typisch für das Konfliktverhalten von Distanzorientierten. Doch wenn der Konflikt mit einer solchen Entladung nicht gelöst oder entspannt ist, dann wird der Distanzorientierte **immer *gehen*** und sich abwenden. *Distanzorientierte Menschen reagieren in für sie ernsthaften Konflikten immer mit Flucht, Weggehen und Abwendung.* Die emotionale Explosion ist da noch das geringere Übel. Wenn dem Distanzorientierten sehr ernsthaft „etwas stinkt", dann geht er: verlässt die Partnerin/den Partner, die Arbeitsstelle, die Wohnung, die Firma, das Geschäft... was auch immer seine Verärgerung ausgelöst hat. Distanzorientierte sind keine Kämpfer, sie meiden die Auseinandersetzung – nicht aus Feigheit, sondern weil der andere ihnen unangenehm und letztendlich gleichgültig ist. Kämpfen bedeutet ja, eine Beziehung einzugehen. Das wird der Distanzorientierte im Extremfall vermeiden. Dennoch können Distanzorientierte in Konflikten sehr scharf und verletzend vorgehen, ohne Rücksicht auf die Gefühlslagen anderer Menschen. Vor allem wenn es um ihre eigenen Interessen geht, können sie die eigenen Aggressionen als Instrument einsetzen. Sie sehen zu, dass möglichst schnell und klar die Fronten geklärt werden. Ist dies geschehen, ziehen sie ihre Konsequenzen, die meist in irgendeiner Art von Abwendung liegen.

Beispiel:
Aufgrund meiner distanzorientierten Anteile ist es ein Horror für mich, zu Geburtstagsfeiern zu gehen. Ich hasse Smalltalk. Da ich durch meine Seminartätigkeit jede Woche mindestens 12 neue Menschen kennen lerne, mit denen ich 8 Stunden am Tag oder länger intensiv zusammen bin, habe ich auch keinen Bedarf an neuen sozialen Beziehungen. Also

sind Geburtstagsfeiern schlimm für mich. Im Januar und Februar haben ca. 70% aller meiner Freunde und Verwandten Geburtstag, eine furchtbare Zeit für mich. Vor zwei Jahren ging ich zum Geburtstag meines Freundes, und obwohl ich schon immer versuche, als Letzter zu kommen, kam nach mir noch eine Lehrerin. Ihre dominante Art war mir zuwider. Sie verwickelte sogleich die ganze versammelte Gästeschar in eine Diskussion. Das versuchte sie auch mit mir. Doch ich spürte schon meine Aggressionen in mir hochsteigen. Nach kurzer Zeit hatte ich nur noch diese Wahl: sofort zu gehen oder zu explodieren – was fatale Folgen für alle gehabt hätte. Also sprang ich auf und schaffte es gerade noch kurz vor meiner Explosion, die Wohnung zu verlassen. Am nächsten Tag rief ich meinen Freund an und teilte ihm mit, dass ich von nun an nie mehr zu seiner Geburtstagsfeier komme werde. Das Gleiche tat ich mit allen meinen anderen Freunden und Verwandten. Ich erklärte ihnen, wie es mir damit ginge und schlug ihnen vor, zu Ehren ihrer Geburtstage lieber zu einem Zweier-Treffen zusammen zu kommen. Natürlich empfanden das meine Freunde und Verwandten als unmöglich. Aber das war dann nicht mehr mein Problem. Ein typisches Verhalten eines Distanzorientierten.

Im Nachbarschaftsstreit wird er den Gegner lange ignorieren – in dieser Hinsicht hat er ein dickes Fell. Er wird den Nachbarn verachten und ihn das auch spüren lassen. Doch wenn es zum wirklichen, vielleicht länger dauernden Konflikt kommt, wird der Distanzorientierte ausziehen, weil er keine Lust hat, sich mit solch einem „Idioten" herumzuschlagen.

Wenn ihm im Geschäft ein Verkäufer zu aufdringlich berät, dreht er auf der Stelle um und geht, selbst wenn er mit einem ganz bestimmten Anliegen in dieses Geschäft hinein gegangen war.

In der Ehe eröffnet er plötzlich aus heiterem Himmel seiner Frau, dass er sie Morgen verlassen wird. Wir kennen aus der Presse Fälle, wo Menschen vom Zigaretten holen nie mehr zurückkehrten. Das waren höchstwahrscheinlich Distanzorientierte. Denn sie sind oft auf dem Rückzug vor den anderen Menschen und natürlich vor allem von solchen, die ihnen Probleme machen.

Aggression kann bei diesen Menschen auch die Funktion und Bedeutung von Werbung um einen anderen haben. Ihnen fällt es leichter, negative Gefühle zu äußern als positive, das resultiert aus ihrer menschlich-gefühlsmäßigen Unsicherheit.

Beispiel:
Ein distanzorientierter Mann findet seine Kollegin sehr attraktiv, ist aber zu gehemmt, um seine Gefühle angemessen auszudrücken. Also beginnt er, die begehrte Frau ständig zu kritisieren oder lächerlich zu machen. Auf der Tagesordnung sind nun komische Bemerkungen über ihre Kleidung, vielleicht sogar zynische Scherze oder andere „Aufmerksamkeiten", bis sich die Frau geradezu belästigt fühlt von ihrem Kollegen. Anstatt die Liebe dieser Frau zu gewinnen, erntet er Ablehnung und Unverständnis. Wahrscheinlich würde die Frau es kaum für möglich halten, dass die Bemerkungen des Distanzorientierten ein Werbeverhalten darstellen.

Gefühle sind das Grundproblem des Distanzorientierten. Diese Menschen sind den eigenen Gefühlen gegenüber in gewisser Weise entfremdet. Darum stellt alles, was mit Gefühlen zu tun hat, ein Problem für Distanzorientierte dar. Der Unterschied zwischen „Kopf und Bauch" ist bei diesen Menschen besonders groß. Deshalb können sie auch ihre eigenen Gefühle nicht so gut managen. Die Gefühle des Distanzorientierten führen eine Art Eigenleben in der „Verbannung" des Unterbewusstseins. Sie sind nicht wirklich „kultiviert", deshalb fehlen diesen Menschen oft emotionale Nuancen.

Besonders auffällig ist das, wenn sich ein Distanzorientierter verliebt. Denn in einer solchen Situation verfügen diese Menschen über keine Palette von Verhaltensmöglichkeiten. Was für anders strukturierte Zeitgenossen ein leichtes und fröhliches Spiel ist: hier ein Augenaufschlag, da ein kleines Lächeln, dann die geschmeidige Einladung zu einer Tasse Kaffee – dieses ganze erotische Liebeswerben ist dem Distanzorientierte nicht möglich. Dazu ist er in der Regel emotional viel zu gehemmt. In dem Hollywood-Film „A beautiful mind" ist eine schöne Szene, wo der distanzorientierte Held mit einer Frau in einer Bar zusammensitzt und plötzlich ganz unvermittelt zu ihr sagt: "ich möchte mit ihnen Geschlechtsverkehr haben, jetzt gleich." – Diese Äußerung geschieht ohne jede vorherige Annäherung – einfach aus einem triebhaften Impuls heraus, der aber jegliche zwischenmenschliche Annäherung vermissen lässt und zugleich auch die Hilflosigkeit des Distanzorientierten offenbart.

Gefühle jeglicher Art – Aggressionen, Liebe, Trauer - sind deshalb das eigentlich Schwierige für distanzorientierte Menschen. Nach außen hin wirken sie nüchtern, kühl, rational und manchmal sogar abweisend. Sie erleben sich auch selbst so und würden diesen äußeren Eindruck mit ihrer eigenen Selbstwahrnehmung bestätigen. Doch wenn sich Gefühle zeigen, dann brechen sie oft unvermittelt aus ihnen heraus.

Beispiel:
Mein Vater war ein stark distanzorientierter Mann. Und wie für alle stark Distanzorientierten war auch für ihn Weihnachten ein schlimmes Fest. Diese ganze Gefühlsduselei! Dieser Familienzwang! Dieser ganze „Quatsch" führte bei ihm jedes Jahr zu langen Phasen der Missstimmung und wir waren alle froh, wenn wir das Fest ohne Wutausbrüche seinerseits überstanden hatten. Wir nannten es seine „Weihnachtsneurose". Als mein Vater ein alter Mann war, holte er an einem Heiligen Abend ein kleines Büchlein hervor, aus dem er uns vorzulesen gedachte. Er liebte russische Literatur, deshalb wählte er eine Weihnachtsgeschichte von Dostojewski aus. Sie handelte von einem kleinen, armen Mädchen, das am Weihnachtsabend vor Hunger und Kälte stirbt und zu Christus in den Himmel kommt. Mein Vater gehörte keiner Religion an und glaubte, so weit ich das übersehe, weder an Gott noch an Christus. Doch diese kleine Geschichte berührte ihn dermaßen, dass er ganz unvermittelt zu weinen begann. Aber es waren nicht die dezenten Tränen, die sich lautlos ihre Bahn suchten, sondern er schluchzte plötzlich laut los, es brach mit Gewalt aus ihm heraus, so dass er nicht mehr weiterlesen konnte. Meine Schwester, meine Mutter und ich

saßen wie gelähmt, so erschüttert waren wir von diesem ganz unvermittelten Gefühlsausbruch. Wir kannten unseren Vater ja nur als einen oft missgestimmten, distanzierten Mann. Während wir uns noch überlegten, ob es ein Leben nach dieser Situation geben würde, hatte sich unser Vater emotional entleert. Er hatte seine Fassung wiedererlangt, putzte sich seine Nase und fragte uns mit der größten Selbstverständlichkeit und ohne jede Scham, wo denn der Kartoffelsalat sei, er hätte schließlich Hunger. Diese unvermittelten Gefühlsausbrüche, oft ohne Scham oder irgendwelche Nachwirkungen, sind typisch für Distanzorientierte.

Bei distanzorientierten Menschen muss alles schnell gehen. Geduld, vor allem im Zwischenmenschlichen, gehört nicht zu ihren Stärken. Sie legen sehr hohen Wert darauf, dass der Gesprächspartner in der Kommunikation möglichst schnell auf den Punkt kommt: kurz, knapp und konkret ist ihr Motto. Wer dem nicht entspricht, läuft Gefahr, der Verachtung durch den Distanzorientierten preisgegeben zu werden. Diesem Motto folgen sie nicht nur in Gesprächen und beim Sex, sondern sie essen auch gerne so. Der Gründer der McDonald-Kette muss erhebliche distanzorientierte Anteile gehabt haben. Der Gedanke, mit dem eigenen Auto an die Futterluke beim Fast-Food-Laden heranfahren zu können, leuchtet jedem Distanzorientierten als Geniestreich ein. Wenn ein Distanzorientierter zu einem offiziellen Essen eingeladen wird, befällt ihn schon Unwohlsein, wenn er nur die vielen Messer und Gabeln an seinem Platz liegen sieht – „stundenlanges ätzendes Herumlabern ohne wirklich satt zu werden" – wird ihm durch den Kopf gehen. Ein Distanzorientierter isst, um satt zu werden und nicht, um

Konversation zu betreiben. Er redet, um möglichst schnell möglichst viele und konkrete, ihn wirklich interessierende Informationen zu bekommen, aber nicht, um dem anderen zwischenmenschlich zu begegnen. Er kauft ein, um auf dem kürzesten Wege das Nötigste zu besorgen, aber nicht, um stundenlang noch 1000 andere unnütze Dinge anzuschauen. Er kommt nach Hause, um seine Ruhe zu haben und nicht, um dem Partner lang und breit zu berichten, wie der Tag gelaufen ist – er will das weder selbst erzählen noch will er es vom anderen hören. Denn letztendlich interessiert sich der Distanzorientierte wirklich nur für das, was ihn selbst angeht.

In Berlin, wo ich lebe, ist es mir öfter schon passiert, dass ich in ein Taxi eingestiegen bin und folgenden einladende Aufkleber am Beifahrersitz fand: *„Kippe aus, anschnallen, Schnauze halten!"* – da wusste ich gleich, dass ich einen distanzorientierten Taxifahrer erwischt hatte. Ein solches Schild würden sicher viele Distanzorientierte in jeweils abgewandelter Form bei sich tragen, denn es entspricht ihren Bedürfnissen.

Aufgrund ihrer stark rationalen Ausrichtung haben Distanzorientierte oft einen ausgezeichneten Intellekt. Sie können in der Regel gut logisch und mit scharfer Klarheit denken, ohne sich dabei von Emotionen beeinflussen zu lassen. Sie bringen Dinge auf den Punkt. Da sie an Probleme eher rational und nicht emotional herangehen, können sie oft die wahre Problematik unbeschönigt sehen und erkennen. Sie sind in dieser Hinsicht von erstaunlicher Ehrlichkeit und Klarheit. Das kann für andere manchmal hart sein, wenn der Distanzorientierte auch unangenehme

Dinge beim Namen nennt. In dieser Hinsicht kennt er oft keine Tabus. Das gilt auch dann, wenn es gegen ihn selber geht. Distanzorientierte können oft recht gut Kritik an der eigenen Person hören – doch sie verbinden das nicht mit einem Impuls zur Selbst-Veränderung. Wenn der Partner ihnen vorwirft, dass sie sich so egoistisch verhalten, so können sie das durchaus annehmen, würden sich deshalb aber nicht schlecht fühlen oder sich ändern. Wenn ein anderer mit ihnen ein Problem hat, dann ist das die Sache des anderen, nicht die ihre.

Distanzorientierte brauchen immer ihr eigenes Reich – in jeder Hinsicht. Haben sie das, können sie zu Höchstleistungen gelangen, vor allem im Intellektuellen und Künstlerischen. Viele Distanzorientierte haben die Welt mit neuen Gedanken, Philosophien und Erkenntnissen beschenkt: Aristoteles, Nikolaus Kopernikus, Friedrich Nietzsche, Hermann Hesse, Franz Kafka – um nur einige zu nennen.
Der „zerstreute Professor" entspricht in vielen Zügen der distanzorientierten Persönlichkeit: ein Mensch, der ganz und gar in seiner Welt lebt, in der er forscht, denkt und fühlt- vielleicht ein Genie auf seinem Gebiet, aber unfähig, sich ein Butterbrot zu schmieren oder sich im Alltag des Lebens zurecht zu finden.

Die Gefahr für den Distanzorientierten besteht darin, dass er die Tendenz hat, sich von anderen zurückzuziehen und immer tiefer in seiner eigenen Welt zu leben. Das kann zum ernsthaften Wirklichkeitsverlust führen, vor allem aber zur Beziehungslosigkeit.

Unsere heutige westliche Gesellschaft bringt in zunehmendem Maße distanzorientierte Menschen hervor. Die Familien werden kleiner und gehen allzu oft ganz kaputt. Die hohe Bedeutung, die in unserer Gesellschaft der Selbstverwirklichung und Individualität beigemessen wird – ganze Industriezweige leben davon – bringt ein soziales Verhalten mit sich, das immer stärker auf Abgrenzung von anderen Menschen abzielt, nicht aber auf Gemeinsamkeiten. Hinzu kommt, dass aufgrund der wirtschaftlichen Veränderung in den letzten 30 Jahren inzwischen alle Bevölkerungsschichten an dem Individualisierungs- und Selbstverwirklichungsboom Anteil haben. Partnerschaft, Ehe und vor allem auch Kinder werden zunehmend unter dem Aspekt der individuellen Einschränkung erlebt, was zur Folge hat, dass in Deutschland die Geburtenrate dramatisch zurückgeht, immer mehr Ehen geschieden werden und Großstädte wie München und Berlin eine Single-Rate von über 50% verzeichnen – Tendenz steigend. Das sind Anzeichen und Auswirkungen einer gesamtgesellschaftlichen Entwicklung zur distanzorientierten Persönlichkeit hin. Die Globalisierung unterstützt, ja fordert geradezu diese Entwicklung. In einem globalen Arbeitsmarkt, der von jedem Flexibilität und permanente Veränderung verlangt, wird es immer schwerer möglich sein, langfristige tiefe zwischenmenschliche Bindungen aufrecht zu erhalten und zu erleben und zu gestalten. Die Beziehungen sind schon jetzt zweckgebundener. Mit dem einen habe ich Spaß, mit dem anderen führe ich tiefe Gespräche und mit dem nächsten habe ich Sex. Aber wirklich einlassen möchte ich mich auf keinen davon, sondern ziehe mich immer wieder in meine

Single-Existenz zurück. Das sind klassische distanzorientierte Gefühls- Denk- und Verhaltensweisen.

Der Zeitgeist von heute hat eine neue Gruppe von Distanzorientierten hervorgebracht, das sind die jungen Leute der Spaß-Generation. Sie sind entsprechen nicht dem klassischen Bild des Distanzorientierten, sondern ergänzen die Persönlichkeitsmerkmale um rollenorientierte Anteile. Eine Generation, der die Selbstverwirklichung, das möglichst unverbindliche Spaß-Haben, über alles geht. Sie wollen sich nicht mehr binden, in der Regel keine Ehe eingehen – eigentlich überhaupt keine verbindlichen Beziehungen. Kinder stehen auch nicht auf dem Lebensplan dieser jungen Menschen. Dafür sind sie sehr flexibel und stehen Veränderungen immer positiv gegenüber (Partner, Arbeit, Wohnort) Wir treffen diese Menschen vor allem im Service- und Dienstleistungsbereich, von den Angestellten in den modernen Hotels bis hin zu den jungen dynamischen Unternehmensberatern. Sie lächeln zwar freundlich, sind aber eher gefühlsmäßig kalt und unnahbar. Ihr Lächeln wirkt trainiert und aufgesetzt. Dahinter steht kein wirkliches Interesse an dem anderen Menschen – es ist eine kühle Show. Auch auf den Laufstegen der Modebranche sind die typischen Körper (siehe unten) der modernen distanzorientierten Generation zu bewundern: schlank, fast dürr. Sie zeigen sich gerne, lassen sich emotional aber nicht wirklich auf Beziehung ein. Es ist die Single-Generation, die ihren Spaß haben will, aber ohne wirkliches Einlassen, ohne Verpflichtung, ohne wirkliche und ernsthafte emotionale Nähe. In den Unternehmen sind es die „Yuppies", flexible, ehrgeizige junge Leute, die aber auch emotional schwer zu binden sind und deshalb vor allem ihren eigenen Vorteil suchen und oft die Firma und zunehmend auch den Beruf wechseln. Ihre Erkennungsfarbe ist schwarz. Sie stellen einen neuen Typ von Persönlichkeit dar, der wesentliche Elemente des Distanzorientierten mit denen des Beziehungsorientierten verbindet. Diese neue Generation hat in der Kindheit keine tragende Beziehung der Eltern erlebt, sie waren Einzelkind oder Scheidungs-Kinder.

Soziale Sicherheiten werden abgebaut und Selbstverantwortung ist das Motto der gesellschaftlichen Zukunft. So notwendig diese mentalen Veränderungen ohne Zweifel sind, so führen sie doch zu einer Atmosphäre der zwischenmenschlichen Kälte und zunehmender Isolation des einzelnen. Das soziale Misstrauen untereinander wächst in Deutschland

Die Scheidungsquote spielt hier ebenso eine aussagekräftige Rolle wie auch die zunehmenden Ehe-Verträge. Die Ehe ist ein rationales Vertragswerk geworden und die Partner, die einen solchen Vertrag abschließen, gehen mental schon von der Wahrscheinlichkeit einer späteren Trennung aus, die mit hoher wahrscheinlich auch eintreten wird, da es ja ihr Programm ist (siehe oben „Glaubenssätze"). Wirkliche, tragfähige Beziehung ist zu einem ernsthaften Problem, vor allem aber ist sie selten geworden.

Beziehung verflüchtigt sich immer mehr in reine Kommunikation. Noch nie zuvor in der Geschichte wurde so viel kommuniziert wie heute (Handy, Internet, Fax, Fernsehen...) und noch niemals zuvor gab es so viel soziale Vereinsamung. Noch nie zuvor wurde so wenig *begegnet* wie heute. Kommunikation ist oberflächlich und quantitativ geworden, qualitativ verarmen die Beziehungen der Menschen untereinander. Vor 20 Jahren noch gaben wir uns mehrheitlich die Hand und beendeten den zwischenmenschlichen Kontakt mit den Worten „Auf Wiedersehen". Darin war impliziert, den anderen wiedersehen zu wollen, also eine Kontinuität der Beziehung. Heute sagt kaum noch jemand „Auf Wiedersehen", sondern „Tschüß". Dieser Gruß impliziert kein weiteres Treffen und keine Absicht auf Kontinuität. Das sind distanzorientierte Mechanismen, die hier in unserer Gesellschaft wirken.

Das **Internet** ist mit Sicherheit von distanzorientierten Menschen erfunden worden. Auf jeden Fall ist es das Lieblingsmedium der distanzorientierten Kommunikation. Es ist total abstrakt, ich sehe den anderen nicht, ich höre den anderen nicht, der Kommunikationspartner bleibt rein fiktiv, fern und fremd. Und ich habe zu jeder Tages- und Nachtzeit die Möglichkeit, meine Nachricht zu platzieren, ganz wie es mir passt.
Die E-Mail ist bewusst kurz und knapp. Ich soll sofort auf den Punkt kommen, keine Einleitung, keine Hinführung, kein großes Drum- und Dran. Das ist typisch distanzorientiert.

1.1 Lebensgeschichtlicher Hintergrund

Die distanzorientierte Persönlichkeitsstruktur entwickelt sich vom 0. - 2. Lebensjahr. Voraussetzung ist fast immer eine **zart-sensible Anlage**: große seelische Empfindsamkeit und Verletzlichkeit. Aufgrund der erhöhten Sensibilität sind diese Babys gleichsam „offene Systeme", ohne natürlichen Schutz, sehr ‚dünnhäutig' im physischen als auch im seelischen Sinne. Diese Kinder sind allen Einflüssen widerstands- und schutzlos ausgeliefert. Ein solches Kind braucht mehr Geborgenheit, Wärme, Schutz und Zärtlichkeit von der *leiblichen Mutter* als andere. Wenn ein solches Baby diese Geborgenheit und Wärme von der eigenen Mutter nicht ausreichend bekommt, entsteht eine **tiefe, ursprüngliche Angst**, *die Angst, verloren zu gehen. Grundvertrauen in das Leben und in Beziehung kann sich nicht ausreichend entwickeln. Das Kleinkind erlebt diese seelische Verlorenheit als tiefe Verletzung durch die Mutter. Zudem lernen wir Menschenwesen Beziehung an unserer Mutter. Wir kommen sogar physisch aus unserer Mutter. Nie wieder werden wir mit einem anderen Menschen so eng verbunden sein. Die Mutterbeziehung ist unsere Ur-Beziehung, an ihr lernen wir das Wichtigste über Beziehung überhaupt. Unsere eigene Beziehungsfähigkeit wird ganz wesentlich durch unsere Mutterbeziehung geprägt.*
Die konkreten Situationen können sehr unterschiedlich sein und sind immer ganz individuell. Fast immer sind es früher Muttertrennungen, wie z.B. Krankenhausaufenthalte des Kindes in den ersten beiden Lebensjahren. Oder frühe Berufstätigkeit der Mutter. Krippenaufenthalte spielen eine ganz entscheidend negative Rolle in diesem Zusammenhang. Es reicht aber auch, wenn die Mutter selbst nicht emotional

genug auf das Kleinkind eingehen kann, weil sie vielleicht selbst eher ein distanzorientierter Mensch ist. Oder es bestehen noch andere Verpflichtungen, die es der Mutter schwer machen, sich ausreichend um das Kind zu kümmern. Vielleicht war das Kind aber auch nicht erwünscht, dann wird das Baby die Ablehnung bereits im Mutterleib spüren. Ein solch hochsensibles Kleinstkind bräuchte, um sich optimal zu entwickeln, eine Stillzeit von mindestens 1,5 Jahren. Im ersten Jahr sollte es so lange und oft wie möglich am Körper der Mutter getragen werden. Solche sensiblen Kinder brauchen viel länger, um auch seelisch „geboren zu werden". Sie fühlen sich schutzlos und ausgeliefert und nur die eigene Mutter kann mit ihrer Liebe, Wärme und Zuwendung den ausreichenden seelischen Schutz und die nötige Geborgenheit geben.

Wenn ein sehr sensibles Kleinstkind diese Liebe, Wärme und Zuwendung nicht in ausreichendem Maße bekommt, reagiert es intuitiv mit Zurückziehen. Diese emotionale Abkapselung ist eine Art gefühlsmäßiger Überlebens-Reflex, es dient zum Schutz der eigenen sensiblen Gefühlswelt. Zugleich bildet sich tief im Unbewussten die **Überzeugung (Glaubenssatz), nicht liebenswert zu sein**, da das Baby sich abgelehnt und ungeliebt fühlt, wenn es nicht bekommt, was es seelisch braucht. Die Grunderfahrung im Leben für einen solchen Menschen ist die: Ich bin abgelehnt und ich gehe verloren, wenn ich mich nicht selbst schütze und zurückziehe. Der daraus resultierende Glaubenssatz lautet: *„Ich bin nicht liebenswert; Beziehungen tragen nicht, bieten keinen Schutz, lassen mich verloren gehen; Ich muss mich schützen und zurückziehen, um gesund und heil zu werden."* Distanzorientierte Persönlichkeitsstrukturen gründen also immer in einer Störung der sehr frühen Mutter-Kind-Beziehung.

Wie erkennen sie distanzorientierte Persönlichkeiten?

Körperhaltung
Rein äußerlich wirken diese Menschen fast immer schlank und groß. Ein besonderes Kennzeichen ist ihr *schwach ausgeprägter Brustkorb.* Die Schultern machen oft den Eindruck, als wären sie nach vorne gezogen, um so den Brustkorb zu schützen. Das trifft auch zu. Denn im Brustkorb befindet sich unser emotionales Zentrum. Die Schultern und der obere Rücken wirken oft wie ein Schutzschild, das diese Menschen um ihr Gefühlszentrum legen.

Farben
Distanzorientierte bevorzugen die Farben Schwarz, Blau und Grau. Das betrifft vor allem die Kleidung, oft auch die Farbe des Autos.

Schwarz steht psychisch für Trauer und Distanz. Tief in ihrer Seele tragen die Distanzorientierten eine tiefe Trauer mit sich herum. Die frühe Mutterenttäuschung erzeugt meist lebenslang ein tiefes, aber ganz und gar unbewusstes Gefühl der Traurigkeit. Zugleich repräsentiert Schwarz ein Bedürfnis nach Distanz. Trauer und Distanz sind nicht voneinander zu trennen, sie gehören in der Tiefe unserer Seele zusammen.

Blau steht für Tiefe, Weite und Kälte. In der sinnlich erfahrbaren Welt sind der Himmel und das Meer blau, beide sind weit, tief und kalt. Blau ist damit die Farbe der geistigen Tätigkeiten wie Meditation, Reflexion, Spiritualität.

Menschen, die viel blau tragen, sind in der Regel nicht ganz so kalt wie diejenigen, die das Schwarz bevorzugen. Oft haben sie ein philosophisches Bedürfnis, eine intellektuelle Begabung oder sind sehr spirituelle Menschen.

Grau ist die Farbe der Neutralität. Auch im Volksmund sprechen wir von einem unscheinbaren Menschen als einer „grauen Maus" oder einer „grauen Eminenz", jemand, der im Hintergrund bleibt und nicht gesehen oder erkannt werden möchte. Genau das trifft auf Distanzorientierte zu. Deshalb lieben sie Grautöne.

Kleidung/Äußeres

Diese Menschen legen wenig Wert auf Kleidung, sie wollen sich darin vor allem wohl fühlen. Mode verachten sie oder geben wenig darauf, was andere tragen. Ihre Kleidung ist nicht dazu da, von anderen gesehen zu werden, sondern sie wollen sich selbst darin wohl fühlen. Sie neigen eher zu schlichter, unauffälliger Kleidung.

Da alle Äußerlichkeiten für diese Menschen wenig Bedeutung besitzen, neigen sie manchmal dazu, ihr eigenes Äußeres etwas zu vernachlässigen. Die Schuhe müssen nicht immer geputzt sein, überhaupt muss nicht alles so korrekt sein. Das kann sich bis hin zu einem ungepflegten Eindruck steigern. Kleidungsstücke werden gerne länger als ‚normal' genutzt. Hemden werden gerne 3 oder 4 Tage hinter einander getragen, ohne zwischendurch gewaschen zu werden. Da darf auch der eine oder andere Fleck auf dem Kleidungsstück sein, Hauptsache, der Träger fühlt sich wohl darin. Das Oberhemd wird öfter einen ungebügelten, etwas knittrigen Eindruck machen. Inzwischen hat sich die Modebranche auf die vermehrten jungen Distanzorientierten eingestellt und einen regelrechten

Knitterstil herausgebracht: Hemden, die fabrikmäßig geknittert sind.
Ihr bevorzugtes Muster ist längs gestreift.

Klassische distanzorientierte Männer lassen sich gerne einen Vollbart stehen als eine Art „Dornröschen-Hecke", hinter der sie ihr ‚wahres Gesicht' verbergen. Heute sind bei Männern der jüngeren Generation 3-Tage-Bärte sehr verbreitet. Frauen neigen eher zu kurzen Haaren, bei langen Haaren wird die Weiblichkeit nicht besonders betont. Überhaupt werden distanzorientierte Frauen ihre Weiblichkeit eher verstecken.

Die **Wohnung** des klassischen Distanzorientierten wirkt etwas ungepflegt und macht eher einen chaotischen und ungemütlichen Eindruck, frei nach dem Motto „das Genie beherrscht das Chaos". Distanzorientierte Menschen richten sich vor allem praktisch ein – natürlich von ihrem Gesichtspunkt aus gesehen. Der Aschenbecher darf ruhig überlaufen und die Bücher liegen bergeweise im Zimmer verstreut. Da der Distanzorientierte stark in seiner eigenen Welt lebt, wird das die Wohnung auch widerspiegeln. Handelt es sich um einen Motoradfreak, werden überall Bilder von Motorrädern an den Wänden hängen, wahrscheinlich liegen Ersatzteile in der Wohnung herum und es riecht nach Motorenöl. Handelt es sich um einen Bücherwurm, dann finden sich noch auf der Toilette Regale voll mit Büchern und natürlich in der Küche...

Stark Distanzorientierte strahlen bereits äußerlich ab, dass es ihnen nicht wichtig ist, wie sie auf andere wirken. In Sitzungen kann das bis hin zur Provokation führen, wenn alle anderen Teilnehmer mit Krawatte und Anzug erscheinen, der Distanzorientierte aber bewusst in Jeans und Pullover.

1.2   Typische Krankheiten:

Distanzorientierte neigen vor allem zu **Lungenkrankheiten**. Die Lunge repräsentiert psycho-symbolisch unsere Einstellung zum Leben an sich. Die Kontraktion des Ein- und Ausatmens symbolisiert den Grundvollzug von Leben schlechthin. Die Bibel spricht vom Odem des Lebens, den Gott uns einhaucht. Den optischen Tod erkennen wir daran, dass ein Mensch nicht mehr atmet. Da es den Distanzorientierten als Grundproblem am Vertrauen in das Leben an sich mangelt, zeigt sich das oft an der Lunge. Distanzorientierte fühlen sich im diesseitigen Leben oft nicht zu Hause, nicht geborgen, sondern eher bedroht und ausgeliefert. Wenn die Lunge krank wird, so zeigt das an, dass der Lebensnerv und der Lebenswille an sich angegriffen sind. Lungenentzündung, Bronchitis und Erkrankungen der Atmungswege sind typische Krankheiten des Distanzorientierten. Viele Distanzorientierte sind zudem Raucher.

Auch die **Nieren** sind für distanzorientierte ein Organ, das überdurchschnittlich von Krankheit betroffen ist. Unsere zwei Nieren repräsentieren symbolisch Beziehung - Ich und Du. Die Nieren reagieren vor allem auf emotionale Enttäuschung und Verletzung („das geht mir an die Nieren") und hängt sehr stark mit emotionaler Sensibilität zusammen. Nierenkrankheiten zeigen uns an, dass etwas in einer wichtigen Beziehung nicht stimmt. Es handelt sich in der Regel um das unbewusste Gefühl, emotional vernachlässigt und verletzt zu sein. Distanzorientierte sind sehr sensibel, und ihnen geht vieles „an die Nieren". Da Beziehung das Grundproblem aller Distanzorientierten darstellt, reagieren sie oft mit Nierenkrankheit, vor allem, wenn sie sich ungeliebt fühlen.

Ebenso geht ihnen vieles „unter die Haut", da sie von ihrem sensiblen Wesen her sehr dünnhäutig sind. Deshalb ist auch die **Haut** ein Organ, das bei Distanzorientierten oft reagiert (Neurodermitis, Ausschlag etc.). Die Haut wird dann krank, wenn wir die emotionale Verletzung nicht bewusst fühlen wollen oder können und sie verdrängen. In neuerer Zeit treten gehäuft Fälle von Neurodermitis bei kleinen Kindern auf, inzwischen sogar bei Neugeborenen, die bereits mit Neurodermitis geboren werden. Diese Kinder fühlen sich bereits im Mutterleib nicht ausreichend geliebt, geschützt und geborgen von der eigenen Mutter. In Anbetracht der Tatsache, dass immer mehr Frauen und Mütter selbst stärker distanzorientierte Anteile haben, überrascht diese Entwicklung nicht. Kinder werden immer öfter von Müttern als Einschränkung der Karriere und Selbstverwirklichung erlebt. Die Neurodermitis ist eine unbewusste Reaktion des Kindes darauf.

Auch für **Allergien** und Erkrankungen des **Nervensystems** sind Distanzorientierte sehr anfällig.

Die Allergie ist ein Verdrängungsmechanismus: Der Körper reagiert „allergisch" auf ein Symbol in der äußeren Welt, welches das verdrängte Problem des Menschen repräsentiert. Der Heuschnupfen zum Beispiel ist ein körperlicher Ausdruck unbewusster Traurigkeit. Wenn draußen das Leben wieder aufbricht und zu blühen beginnt, wird der Mensch mit seiner eigenen traurigen, deprimierten Situation konfrontiert. Weil es in ihm nicht lebensfroh, sondern traurig aussieht, reagiert er ablehnend (verdrängend), auf der Körperebene: allergisch gegen die Pollen, die das erwachende Leben symbolisieren. Der Köper bildet jetzt Symptome aus, die dem Weinen sehr nahekommen, aber nicht als solches erlebt werden.

Der distanzorientierte Mensch ist von seiner Anlage her sehr sensibel, zugleich ist er in gewisser Weise seinen eigenen Gefühlen gegenüber entfremdet, dadurch spürt er selbst nicht oder nicht ausreichend seine eigenen Gefühle und Probleme. Deshalb ist die Allergie so oft bei diesen Menschen anzutreffen.

Wenn distanzorientierte Menschen ernsthaft psychisch krank werden, dann kommt es in schlimmen Fällen zur Schizophrenie (Persönlichkeitsspaltung). Auf künstlerische Weise ist das sehr gut in dem Hollywood-Film „A beautiful mind" dargestellt.

Unter den Süchten ist der Distanzorientierte Mensch besonders von der **Internetsucht** betroffen, denn das Internet bietet ihm oder ihr die besten Möglichkeiten, in eine Scheinwelt abzutauchen. Da distanzorientierte Menschen ohnehin auf eine Flucht vor der Realität programmiert sind, neigen sie dazu, sich in ihre meist geistigen Welten zurückzuziehen. Das Internet ist bietet technisch die besten Möglichkeiten, unerkannt in anderen Welten zu stöbern und zu kommunizieren, ohne wirklich zu begegnen. Cybersex ist wunderbar für distanzorientierte Menschen: sie begegnen niemandem wirklich, aber doch fiktiv. Sie vermeiden Nähe, Berührung und wirkliches Einlassen auf ein reales Du und haben doch den Reiz der unverbindlichen Begegnung im weltweiten Netz.

Wenn Distanzorientierte Menschen psychisch krank werden, dann kann es zur Schizophrenie, der Persönlichkeitsspaltung, kommen. Durch die Kontaktlücke zwischen dem eigenen Ich und der Umwelt kann es vorkommen, dass sich die eigene Welt des Distanzorientierten verselbständigt.

Autos
Distanzorientierte sind nicht auf spezielle Marken festgelegt. Sie sind die typischen Gebrauchtwagen-Fahrer. Sie kaufen neuerdings ihre Wagen im Internet oder spontan beim Händler. Sie bevorzugen Autos in ihren Lieblingsfarben blau, grau, weiß oder schwarz und verzichten gerne auf „Schnickschnack". Ihr Auto dient nur der Bewegung von A nach B, möglichst schnell und praktisch. Alles andere ist zweitrangig. Ihr Auto wird meist dreckig sein, da sie zu faul sind, den Wagen regelmäßig zu waschen.

Hobbys:
Reisen – gerne auch sehr weit weg, aber allein. Bevorzugte Ziele sind Wüsten, Steppen, Hochgebirgstouren. Wandern, Radfahren, Lesen, Computer – hier besonders das Internet- sind auch sehr gefragt. Darüber hinaus ist der Distanzorientierte auch gerne richtig faul und macht lange gar nichts. Verbreitet sind auch künstlerische Aktivitäten wie Malen, Schreiben, Philosophieren oder Musizieren (doch vorrangig für sich selbst und nicht in der Öffentlichkeit).

1.3   Typisches Kritik und -Konfliktverhalten

Die stark ausgeprägte Rationalität lässt diese Menschen recht einfach mit Kritik umgehen. In der Regel können diese Menschen auch sich selbst gegenüber sehr ehrlich sein. Ihnen fällt es leicht, Fehler einzugestehen, auch wenn sie weniger Reue zeigen als andere. Rational vorgetragene Kritik kann oft gut gehört werden. Nicht immer führt das aber zur Besserung. Manchmal neigen diese Menschen zu Extremlösungen: Sie schmeißen alles hin und riskieren dabei auch viel, wenn sie ‚die Schnauze voll haben‘.

Konflikte zeigen sich vor allem im Bereich Beziehung - Loyalität und Gruppendynamik. Gemäß der Grundangst empfinden diese Menschen schnell Konflikte, wenn sie sich vereinnahmt, eingeschränkt, bevormundet, gefangen oder anderweitig emotional unter Druck fühlen. Im Konfliktfall reagieren sie oft drastisch, meist aber nur verbal. Sie schießen dann über das Ziel hinaus. Ihre Äußerungen können jede Sachbasis verlassen, unsachlich, persönlich-aggressiv und vollkommen überzogen erscheinen. Dafür sind sie schnell wieder auf dem Boden, wenn man sie gewähren lässt. Sie müssen ihren emotionalen Überdruck ablassen.
Typische Konflikte finden wir in Gruppen, wenn Gruppendruck ausgeübt wird bei Entscheidungen. Jede Autorität ist eine potentielle Konfliktquelle, da sie die Selbstbestimmung einzuschränken droht. Hierarchien sind Konfliktquellen aufgrund der institutionalisierten Unterordnung.

Zu den meist benutzen Konflikt-Strategien gehören:

- Flucht, inklusive Abbruch der Beziehung (Arbeit, Arbeitsstelle, Firma verlassen)
- Emotionale Explosion, kurz, heftig, aber nicht nachtragend

Die Unterordnung kommt als Konflikt-Lösung nicht wirklich infrage. Die Vernichtung des Gegners ist sehr unwahrscheinlich, weil diese Menschen zu wenig am anderen interessiert sind. Sie neigen eher dazu, sich abzuwenden und den anderen zu ignorieren.

1.4 Tipps für den Umgang

In der Kommunikation & Argumentation beachten Sie:

- Argumentieren Sie immer auf der Sachebene
- Kommen sie sofort auf den Punkt
- Verzichten Sie auf Einleitungen, Floskeln und Ähnliches
- Vermeiden Sie alles Persönliche
- Argumentieren Sie rational, logisch, kühl
- Lassen Sie dem Distanzorientierten immer eine Wahlmöglichkeit
- Vermeiden Sie auf jeden Fall „So-oder-gar-nicht" Lösungen im Gespräch
- Verzichten Sie darauf, im Gespräch Druck auszuüben
- Seien Sie ehrlich, auch in kritischen Punkten, Distanzorientierte können das in der Regel gut hören
- Vermeiden Sie auf jeden Fall Argumentations-Techniken, die Sie in Seminaren gelernt haben. Der Distanzorientierte ist grundsätzlich misstrauisch und wittert Gefahr!
- Vermeiden Sie jede Art von Anbiederung, das schwächt Ihre Position. Distanzorientierte neigen dazu, solche Menschen zu verachten
- Nehmen Sie Gefühlsausbrüche („Explosionen") nicht zu persönlich, aber lassen Sie sich auch nicht beleidigen
- Suchen Sie immer wirkliche Vereinbarungen als Lösung in Konflikten

- Arbeiten Sie mit Ich-Botschaften, übernehmen Sie Verantwortung für Ihr Problem, Ihre Position und Meinung

Hinweise für Führungskräfte

Wenn Sie distanzorientierte Persönlichkeiten führen, dann beachten Sie:

- Dem Mitarbeiter möglichst viel Freiraum lassen.
- Lassen Sie diese Menschen an Sachthemen, aber nicht mit Menschen arbeiten.
- Wenn möglich, ein eigenes Einzel-Arbeitszimmer zur Verfügung stellen.
- Arbeiten Sie mit wirklichen Ziel-Vereinbarungen.
- Vermeiden Sie unnötigen Druck und Zwänge.
- Nehmen Sie den Mitarbeiter an und verzichten Sie darauf, ihn oder sie verändern zu wollen.
- Zeigen Sie Grenzen im sozialen Verhalten auf, vereinbaren Sie „Spielregeln", diese Menschen sind nicht immer loyal, können auch zynisch sein, deshalb sollten Sie darauf ein Auge haben, damit nicht andere von den Distanzorientierten verletzt werden.
- Arbeitsaufträge sachlich begründen.
- Lassen Sie diese Menschen innovativ arbeiten, denn sie können gut aus sich selbst heraus schöpfen, sind wenig angewiesen auf die Meinung der anderen und können deshalb neue Wege finden und gehen.
- Anerkennung nur rational geben, immer an der Sache orientiert.

- Immer in Ich-Botschaften kommunizieren.
- Ziehen Sie diese Mitarbeiter zum Strukturieren und Analysieren heran.
- Greifen Sie so wenig wie möglich in den Arbeitsprozess dieser Menschen ein.
- Lassen Sie die Distanzorientierten selbstständig und selbstverantwortlich arbeiten.
- Kontakte sollten ritualisiert werden (ein festes Treffen zum selben Zeitpunkt pro Woche oder ähnliches).
- Vermeiden Sie plötzliches Erscheinen am Arbeitsplatz und Kontrollbesuche.
- Lassen Sie den Mitarbeiter an der langen Leine arbeiten.
- Wenn Sie aber Kritikpunkte sehen, greifen Sie sofort ein, warten Sie nicht lange.

Hinweise zum Umgang mit ihrem Chef

Wenn Sie von einer distanzorientierten Persönlichkeit geführt werden:

- Lassen Sie Ihren Chef in Ruhe!
- Präsentieren Sie Ihre Ergebnisse, ruhig, sachlich, kurz - kommen Sie schnell auf den Punkt! Verschonen Sie Ihren Chef mit langen Schilderungen, wie Sie zu dem Ergebnis gekommen sind. Ihn interessiert

ausschließlich, was unter dem Strich herausgekommen ist.

- Tragen Sie die innovativen Ideen des Chefs mit, auch wenn sie gegen die Norm verstoßen.
- Lösen Sie emotionale Probleme und Konflikte selbst im Team, lassen Sie Ihren Chef draußen.
- Treten Sie immer klar, selbstbewusst und konsequent auf, vermeiden Sie herumlabern und „schleimen".
- Zeigen Sie selbstbewusst auch Ihre eigenen emotionalen Grenzen auf, lassen Sie sich nicht alles gefallen (z.B. Zynismus, persönlich beleidigende Bemerkungen).
- Kündigen Sie Kontakte immer vorher an, kommen Sie nicht unangemeldet in sein Büro.
- Formalisieren Sie die Kontakte (Jour fix oder Ähnliches).
- Wenn Sie Vorschläge unterbreiten, zeigen Sie Alternativen auf, vermeiden Sie „So-oder-gar-nicht-Lösungen".
- Halten Sie Ihre Vereinbarungen, zeigen Sie Zuverlässigkeit!
- Vermitteln Sie dem Chef, dass Sie ihn als Mensch akzeptieren.
- Arbeiten Sie möglichst selbstständig und bieten Sie das auch an.

Hinweise für die Partnerschaft

In der Partnerschaft mit distanzorientierten beachten Sie:

Wenn sie sich einen distanzorientierten Partner/Partnerin gewählt haben, dann haben sie selbst mit hoher Wahrscheinlichkeit stärker beziehungsorientierte Anteile. Das bedeutet, sie haben mit der Wahl eines distanzorientierten Partners die „Peterkarte" gezogen. Er oder sie ist eine harte Lernaufgabe für Sie.

- Vermeiden Sie emotionalen Druck.
- Das größte Problem ist das von Nähe und Distanz. Hier wird es immer wieder Schwierigkeiten in der Partnerschaft geben. Einerseits sucht Ihr Partner/Ihre Partnerin die Nähe, dann aber zieht er/sie sich wieder zurück – Sie wissen jetzt, dass dieses Verhalten in Angst gründet.
- Richten Sie sich darauf ein, dass Ihr Partner viel eigene Freiräume für sich braucht, auch räumlich (evtl. getrennte Wohnungen, auf jeden Fall getrennte Zimmer).
- Erwarten Sie nicht ausführliche Selbstoffenbarungen über die eigenen Emotionen („du sprichst nie über deine Gefühle...").
- Kümmern Sie sich auch um Ihre eigenen Bedürfnisse.
- Trainieren Sie, emotional bei sich selbst bleiben zu können und widerstehen Sie Ihrem Bedürfnis, mit

dem anderen verschmelzen zu wollen – das funktioniert leider nicht und wird Sie frustrieren.

- Lernen Sie, Ihre eigenen Bedürfnisse – auch sexuell – dem anderen verbal mitzuteilen, weil er oder sie das von sich aus nicht erspürt.
- Erwarten Sie nicht zu viel Einfühlungsvermögen – der andere kann das oft nicht leisten, selbst wenn er oder sie es wollte.
- Vermeiden Sie es, den anderen moralisch unter Druck zu setzen (etwa: „du bist so unglaublich egoistisch und denkst immer nur an deine Bedürfnisse, wie es mir geht, ist dir völlig egal..."), sondern reden Sie selbstbewusst und klar von Ihrer eigenen Wahrnehmung und von den Problemen, die Sie mit dem anderen haben.
- Zeigen Sie auch klare Grenzen im sozialen Umgang auf. Der Distanzorientierte neigt dazu, den Partner gefühlsmäßig auszunutzen, ihm dafür aber nicht die nötige Achtung zu erweisen. Das zeigt sich oft in Zynismus, den Sie sich nicht gefallen lassen sollten. Zynismus ist ein Produkt aus Trauer und Aggression, der Distanzorientierte „rächt" sich auf diese Weise gerne unbewusst an seinen Partnern für die nicht erfahrene Mutterliebe als Baby.
- Arbeiten Sie an einem stabilen eigenen Selbstwertgefühl, das hilft Ihrem Partner, Sie zu achten und wertzuschätzen.

2.   Die Beziehungsmenschen

Diese Menschen leben nun besonders den gegensätzlichen Impuls der Hingabe an andere Menschen. Was der Distanzorientierte vermeidet, danach strebt der Beziehungsorientierte. Die **Grundangst ist die vor der eigenen Ich-Werdung**, die als Isolation und Einsamkeit erlebt wird. Je mehr ich ein individuelles Ich werde, desto mehr unterscheide ich mich von anderen, also werde ich einsamer, habe weniger gemeinsam mit anderen. Wir Westeuropäer nennen uns selbst Individuen. Das lateinische Wort heißt wörtlich übersetzt: Un-Teilbare. Je mehr wir uns also individualisieren, desto weniger haben wir mit anderen Menschen gemeinsam. Genau das macht diesen Menschen Angst. Sie ertragen Distanz schlecht und erleben sie mit Unwohlsein. Vielmehr suchen sie den Kontakt, die Verbindung, manchmal sogar die Verschmelzung mit anderen Menschen. Sie brauchen mehr als andere die Harmonie in der Beziehung, sie sind ausgesprochene Beziehungsmenschen. Ihr Leben und ihr Selbstverständnis wird ganz durch Beziehungen definiert. Deshalb messen diese Menschen auch ihren Partnern oft mehr Bedeutung bei als sich selbst. Sie sind einfach mehr angewiesen auf Beziehungen. Positiv entwickeln diese Menschen natürlich auch eine große Gabe für Beziehungen, das kann sich sehr angenehm in Familien, in Arbeitsteams und im Kundenkontakt auswirken. Negativ neigen diese Menschen dazu, sich selbst zu sehr abhängig zu machen von anderen. Sie ziehen die Probleme des Umfeldes an, weil sie sich davon nicht distanzieren können. So kommt es, dass sie oft ausgenutzt werden, einfach aufgrund ihrer mangelnden

Fähigkeit, sich abzugrenzen und auch mal ‚NEIN' zu sagen. Doch Abhängigkeit verspricht Gebrauchtwerden - und darin liegt die scheinbare Garantie, nicht verlassen zu werden.

Beziehungsorientierte sind in der Regel sehr umgängliche, gesellige, offene, kommunikative und auf den Anderen bezogene Menschen. Ihre Hilfsbereitschaft wirkt auf den ersten Blick oft angenehm. Sie sind gemütlich und verstehen es, eine angenehme Atmosphäre zu erschaffen. Mit diesen Eigenschaften meiden sie natürlich Konflikte, wo sie nur können. Ihre Konfliktfähigkeit ist wenig bis gar nicht ausgeprägt, weil Konflikte ja die Gefahr der Trennung von Beziehung in sich bergen. Ihr Denken, Fühlen und Handeln ist im Wesentlichen daran orientiert, die Angst vor Trennung, Alleinsein und Isolation zu verhindern und ihr Bedürfnis nach Nähe, Gemeinschaft, Gemeinsamkeit und Anerkennung auszuleben.

Beziehungsorientierte haben die Tendenz, sich selbst an andere oder die anderen an sich selbst zu binden. Damit befriedigen sie ihr Bedürfnis nach Sicherheit. Gemäß dieser Grund-Strategie begegnen uns die beziehungsorientierten Persönlichkeiten in zwei verschiedenen Ausprägungen. Ich nenne sie - sehr einseitig dargestellt! - die „Hilflosen" und die „Helfer".

Die Hilflosen - die „Planeten"

neigen eher zu einer Gefühls- und Verhaltensstrategie, die darauf abzielt, sich selbst an andere zu binden. Ihre eigene ‚Hilflosigkeit' wird zum Instrument, um andere zu verpflichten, so dass dem Umfeld oft das Gefühl vermittelt wird: „Du kannst mich doch jetzt nicht verlassen, wo ich so auf dich angewiesen bin!" Im Arbeitsalltag sind das die Mitarbeiterinnen und Mitarbeiter, die gerne klagen und oft auch schlimme Opfer-Geschichten zu erzählen haben. Sie wenden sich an Vorgesetzte oder Freunde und an ihr Umfeld mit der Frage: „Was soll ich nur machen? Geben Sie mir doch einen Rat!" Damit vermitteln sie dem anderen, dass sie schwach sind und auf die Stärke, Weisheit und Güte des anderen angewiesen sind. Diese Menschen betonen oft die eigene Rat- und Hilflosigkeit, um damit beim Gegenüber das Gefühl der Fürsorge und letztlich der Angewiesenheit zu erwecken. Der Appell lautet: „Kümmere dich um mich!" Dieser Eindruck der Rat- und Hilflosigkeit ist nicht gespielt, sondern trifft auch oft die wirkliche Situation. Da diese Menschen mit allen harmonisch auskommen möchten und in gewisser Weise auch müssen, neigen sie dazu, zu oft ‚ja' zu sagen, sich ausnutzen zu lassen und schließlich sitzen sie zwischen allen Stühlen, ohne sich entscheiden zu können. Denn Ent-*Scheidung* bedeutet auch Scheidung. Das meiden sie. Die Konfliktscheu bringt diese Menschen oft in noch schlimmere Konflikte hinein. Ihr innerster Glaubenssatz lautet oft: Du bist okay - ich bin nicht okay. Du bist stark - ich bin schwach; du bist ein Glückspilz - ich ein Pechvogel...

Aufgrund ihres mangelnden Selbstwertes können sie sich schlecht durchsetzen und ziehen den Kürzeren oder werden ganz übersehen. Sie ‚kreisen' ständig um andere und kümmern sich nicht um ihre eigene Ich-Werdung und Ich-Stärkung. Sie opfern sich allzu oft für andere auf, bekommen dafür aber nicht ausreichend Anerkennung zurück. Im Gegenteil: Oft werden sie sogar dafür verachtet, dass sie so viel mit sich machen lassen. Vor allem aber werden sie von ihrem Umfeld fast immer ausgenutzt.

Beispiel:
In einem Großraumbüro einer Firma sitzen um 18,30h nur noch zwei Kollegen an ihren Schreibtischen, ein Distanzorientierter und ein Beziehungsorientierter. Die anderen sind schon längst nach Hause gegangen. Die Tür geht auf und der Chef kommt herein. Er ist selbst so in seine Arbeit versunken, dass er die beiden Mitarbeiter nicht bewusst wahrnimmt. Er hat noch eine Aufgabe zu verteilen, die mindestens eine Stunde dauert und am selben Abend noch erledigt werden muss. Völlig intuitiv geht der Chef auf den Beziehungsorientierten zu und drückt ihm die Arbeit auf, während der Distanzorientierte seine Sachen packt und nach Hause geht. Gegen 21 h verlässt der beziehungsorientierte Mitarbeiter endlich die Firma und fährt mit der U-Bahn nach Hause. Obwohl um diese Zeit der Zug noch gut mit Menschen gefüllt ist, kommt der einzige Penner im Wagon mit sicherem Gespür auf ihn zu und fragt nur ihn: „Haste mal einen Euro?". Zufall? Nein, eine so oder ähnlich täglich wiederkehrende Erfahrung.

Die Kehrseite der Ich-Schwäche ist die **Verlustangst.** Diese Menschen haben eine starke Grundangst, die Liebe und Zuneigung des Partners, ja letztlich die Beziehung an sich zu verlieren. Dadurch sind sie geneigt, nachzugeben, mehr als ein Auge zuzudrücken - immer in der Hoffnung, *wenn ich nachgebe, wird der andere bei mir bleiben.* Aus Angst vor Konflikten neigen sie dazu, andere zu idealisieren, die dunkle und böse Seite bei Menschen zu bagatellisieren oder ganz zu übersehen. Sie wollen oft die menschliche Realität des Gegenübers nicht wahrhaben. Diese Menschen gehen Spannungen und Konflikten aus dem Weg, wo sie nur können, sie vermeiden Konflikte und notwendige Auseinandersetzung , „um des lieben Friedens willen" und sie betrügen sich damit, weil es gar kein Friede ist, der dadurch entsteht. Mit ihrer oft langanhaltenden Naivität betreiben sie eine Vogel-Strauß-Politik und verstecken vor der Realität den Kopf im Sand.

Um den anderen nicht zu verlieren, setzt sich der Beziehungsorientierte unter den Druck, nun selbst immer ‚gut‘ sein zu müssen. Aus der mangelnden Konfliktfähigkeit machen sie eine Tugend, indem sie zu Eigenschaften neigen wie Selbstlosigkeit, Friedfertigkeit, Bescheidenheit, Verzichtbereitschaft, Mitgefühl und Mitleid. Hier sind die typisch „christlichen Tugenden" angesiedelt: „Wenn mich einer auf die Wange schlägt, halte ich ihm noch die andere hin." - Diese moralische Bewertung ist nichts anderes als aus der eigenen Schwäche und Unfähigkeit zum Konflikt eine Tugend zu machen, die dann aber auch - moralisch - gegen den andern verwendet wird. *Moralisieren ist für den Beziehungsorientierten eine versteckte Art der Aggression.* Da diese Menschen es schwer haben, offen aggressiv zu sein, versuchen sie, dem anderen ein *schlechtes Gewissen* zu machen – meist mit Erfolg. Nun fühlt sich der andere auch schlecht, doch nach außen hin ist es nicht zu einem aggressiven Verhalten gekommen.

Auf Dauer ist die unnatürliche Unterdrückung von Aggression schädlich für den Beziehungsorientierten. Die eigene, ganz natürliche Aggressivität kann nur noch mit Schuldgefühlen erlebt werden, denn im Wertesystem des Beziehungsorientierten ist Aggression an sich schlecht und unmoralisch. Vor allem aber macht sie ihm Angst.

Deshalb werden die unterdrückten Aggressionen oft gegen sich selbst gewendet, was in der Regel zu Krankheiten führt, bis hin zum Krebs, der zum manifesten Ausdruck der gestauten Negativität wird, die im wahrsten Sinne des Wortes ‚auffrisst‘.

Übertragen auf die beziehungsorientierte Persönlichkeit kann das dahin führen, dass ein solcher Mensch sich ausbeuten und ausnutzen lässt, aber darin seine Genugtuung findet, dass er in allem doch der bessere Mensch sei, nach dem Motto: *„Werde ruhig an mir schuldig, ich bin dafür der bessere Mensch - und du musst dich schämen.“*

Es ist die Mutter, die sich ihr Leben lang für die Kinder aufgeopfert, auf Selbstverwirklichung, Karriere und Freude verzichtet hat, um die ganze Familie glücklich zu machen. Wenn dann der Sohn mit 35 Jahren die ersten Versuche macht, endlich auszuziehen und auf eigenen Füßen zu stehen, schaut sie ihn vorwurfsvoll an und schluchzt: „Nach all dem, was ich für dich getan habe, willst du mich jetzt also auch noch verlassen...“

Die Helfer - die „Sonnen"

haben dasselbe unbewusste Ziel ihres Verhaltens: Abhängigkeit durch Beziehung zu erschaffen, - aber sie nutzen eine andere Strategie. Sie machen nicht sich selbst vordergründig abhängig von anderen, sondern diese von sich selbst. Im kosmischen Eingangsbild sind es die Sonnen, die andere um sich als Planeten kreisen lassen, während die Hilflosen die Planeten sind, die um die Sonne kreisen.

Die Helfer sind die „Glucken-Typen". Sie kümmern sich rührend um andere, haben aber Schwierigkeiten damit, wenn diese sich emanzipieren und individualisieren. Der Hilflose hat es sich selbst nicht zugestanden, ein eigenes Ich zu werden; der Helfer gesteht es den anderen nicht ganz zu. Beide haben aber dasselbe Ziel: Abhängigkeit durch Beziehung. Beide vermeiden damit, allein zu sein. Damit realisieren ihr Gefühl von Sicherheit.

Ein gutes Beispiel dafür ist die ‚Glucken-Mutter', die alles für die Familie opfert. Sie kümmert sich um die Kinder, fährt sie zu allen Veranstaltungen, räumt ihr Zimmer auf, kocht das Lieblingsessen - entscheidet aber auch, welche Schulen besucht werden, welche Freunde das Kind haben darf und welche nicht, was die Kinder studieren, wen sie heiraten und wohin in den Urlaub gefahren wird. Die Kinder haben bei der Glucken-Mutter kaum Chancen, eigene Impulse zu entwickeln. Dadurch bleiben sie lange abhängig. Sie hatten wenig Gelegenheiten, Selbständigkeit zu erlernen, da dies für die Mutter mit Verlustängsten verbunden war.

Als Chef kann der Helfer-Typ sehr sozial sein. Er kümmert sich rührend um seine Mitarbeiter, aber er entscheidet auch alles selbst, kann nicht delegieren, arbeitet 14 Stunden, mischt überall mit. Die Mitarbeiter sind zwar gut versorgt, kommen aber auch nicht ‚hoch'. Die Glucke wärmt ihre Küken, aber niemand darf unter den Federn hervorschauen! Diese Menschen glauben oft sehr gut zu wissen, was für andere gut ist - manchmal auch gegen den Willen der anderen.

Exkurs: Gesellschaftliches Beispiel ehemalige DDR

Dieses System war vom Typ ‚Glucke'. Die Menschen wurden mit Sozialleistungen gesegnet: Wohnung, Arbeit für jeden, Kindergarten- und Krippenplätze, Ferienplätze - niemand konnte durch das soziale Netz fallen. Aber der Preis, der dafür gezahlt werden musste, war oftmals der Verzicht auf die eigene Individuation. Der Staat wusste immer am besten, was für die Bürger gut war, die Bevormundung war perfektioniert, der Einzelne war entmündigt. Ausreisegesuche und politische Abweichungen wurden von den Machthabern als *persönliche* Ablehnung empfunden, nach dem Motto: *"Jetzt haben wir so viel für dich getan - und du liebst uns noch immer nicht, du undankbarer Verräter!"* Sinnbildlich dafür wurde Ausspruch von Erich Mielke, Minister für Staatssicherheit in der DDR, während die DDR zusammenbrach: „Ich liebe euch doch alle!" - Das war vollkommen ernst gemeint und ist nur verständlich auf dem Hintergrund einer Helfer-Persönlichkeit diesenTyps. Die Verlustangst des DDR-Systems schlug an der Grenze in organisierte Aggression um. Wer die DDR verlassen wollte, wurde kurzerhand auf dem Grenzstreifen erschossen. Die Trennungsangst des Systems schlug in blanke Vernichtung um – ein Konfliktverhalten des Ordnungsorientierten.

Dieses politische Verhalten war irrational und ist nur aus der psychologischen Struktur der Machthaber zu erklären.

Es liegt auf der Hand, dass die beziehungsorientierte Persönlichkeit größte Probleme mit Konflikten hat. Konflikte sind sozusagen das Schlimmste, was diesen Menschen passieren kann. Dahinter stehen Schwierigkeiten mit der Aggression und Verlustängste.
Der Hilflos-Typ hat mit aller Art von Aggression Probleme. Der Helfer-Typ kann für andere durchaus aggressiv und konfliktfreudig sein, aber sehr schwer für sich selbst.
Beziehungsorientierte Persönlichkeiten können oft für sich selbst nicht zugreifen, eher für andere. Sie neigen dazu, Aggressionen in sich hineinzufressen, sie zu verdrängen und zu unterdrücken. Das kann oft dazu führen, dass sich die verdrängten Aggressionen gegen den Menschen selbst richten, z.B. in Form von Krankheit.

Da ihr inneres Programm auf Abhängigkeit zielt, sind Beziehungsorientierte auch besonders gefährdet im Hinblick auf Alkohol-, Drogen und andere Süchte (Essen, Tabletten, Schokolade...) Ihre erhöhte Suchtgefahr gründet auch in ihrer inneren, oft unbewussten Traurigkeit. Da sie im Leben häufig zu kurz kommen, gibt es in ihnen einen tiefen Mangel und ein inneres Gefühl von Traurigkeit, manchmal auch von Sinnlosigkeit. Dieser unbewusste Mangel sucht nach Ausgleich, die Traurigkeit nach Trost. Ersatzhandlungen wie übermäßiges Essen und Trinken dienen dann dazu, Trost und Fülle zu erschaffen, die ihnen seelisch fehlen.

Typische - versteckte - Aggressionsformen sind: Jammern und Klagen, auch Selbstmitleid, Moralisieren, ein schlechtes Gewissen machen, Erzeugung von Schuldgefühlen.

Aufgrund ihrer Persönlichkeitsstruktur sind Beziehungsorientierte sehr liebes- und beziehungsfähig. Sie besitzen die Fähigkeit zur einfühlenden Identifikation. Sie können oft das Wesen eines anderen Menschen intuitiv verstehen. Sie zeichnen sich durch Treue, Hingabe und Opferbereitschaft aus. In der Liebe sind Beziehungsorientierte zu Hause. Sie sind in Beziehungen oft sehr belastbar, wunderbare Freunde, die für den anderen das letzte Hemd geben würden. Sie brauchen in Partnerschaften viel Zuwendung, Zeit, Kommunikation und Zärtlichkeit. Beziehungsorientierte Menschen „kuscheln" gern. Zugleich haben sie ein ausgeprägtes Bedürfnis, Gefühle und Gedanken mit dem Partner auszutauschen. Distanzorientierte Partner sind oft eine schlimme und verletzende Erfahrung für beziehungsorientierte Menschen, weil diese ihnen nicht die Aufmerksamkeit, Wärme und Zärtlichkeit geben, die sie brauchen. Beziehungsorientierte Menschen machen gerne so viel wie möglich mit dem Partner zusammen, egal ob das Einkaufen, die Hausarbeit, der interessante Film oder die Urlaubsreise ist. Für sie gilt die Wahrheit „Liebe ist das Einzige, das sich vermehrt, wenn man es teilt".

Beziehungsorientierte Menschen kommunizieren gerne, wobei es nicht vorrangig um den Austausch von Informationen geht, sondern darum, miteinander im Gespräch zu sein, das ist: in Beziehung zu bleiben. Im alltäglichen Leben sind Beziehungsorientierte zeitintensiv.

Im Supermarkt regen sie an der Kasse ein persönliches Gespräch mit der Kassiererin an, teilen auch sonst gern Persönliches mit.

Beispiel:
Vor vielen Jahren, als es noch beziehungsorientierte Führungskräfte in deutschen Unternehmen gab, hatte ich einen ranghohen Manager im Coaching betreut. Er hatte starke beziehungsorientierte Persönlichkeitsanteile. Als das Coaching vorbei war, konnte er sich nicht von mir trennen. Er sagte „Herr Koeppe, wir hatten so eine intensive und gute Zeit, wir sind doch jetzt Freunde, das kann doch nicht so einfach zu Ende gehen. Sie müssen mich und meine Familie zu Hause besuchen kommen – natürlich mit ihrer Frau und ihren Kindern!". Die Vorstellung der nun folgenden Trennung war für diesen Mann so schwer, dass er alles versuchte, um die bisher berufliche Beziehung nun auf den privaten Bereich auszudehnen und weiterleben zu lassen.

Beziehungsorientierte sind typische Gruppenmenschen. Das beginnt bei der Familie. Beziehungsorientierte sind Familienmenschen. Sie lieben ihre Familie und sie schaffen immer eine gemütliche Atmosphäre. Wer bei ihnen zu Gast ist, sollte immer Hunger und Durst mitbringen, denn eine Bewirtung ist selbstverständlich. Beziehungsorientierte sind sehr sinnlich, sie Essen und Trinken gerne und ausgiebig. Sie können die Sinnlichkeit und Gemütlichkeit in vollen Zügen genießen. Dabei wollen sie nicht gehetzt werden. Ausführliches Beisammensein ist ein Lebensquell des Beziehungsorientierten. Deshalb finden wir diese Menschen in Vereinen und wohltätigen Organisationen. Da sie sich sehr für das Wohl anderer einsetzen und manchmal auch aufopfern, suchen sich Beziehungsorientierte vor allem soziale Berufe, die im weitesten Sinne mit Helfen zu tun haben.

Privat engagieren sie sich in der Kirchengemeinde, in der freiwilligen Feuerwehr oder anderen karitativen Aktivitäten.

Beispiel:
Mein bester Freund in USA heißt Joe. Er ist ein stark beziehungsorientierter Mann und wir hatten in den ersten Jahren harte Konflikte miteinander, weil jeder von uns vollkommen andere Bedürfnisse hat. Joe ruft mich jeden Sonnabend pünktlich um 16 h von Montana aus in Berlin an. Ich besitze inzwischen mehrere Koffer und Taschen von ihm, da er mich immer mit Geschenken überhäuft, wenn ich in USA bin. Ein Nein von mir wird nicht akzeptiert und als Ablehnung erlebt. Joe's Familie besitzt eine Hütte in den Rocky Mountains, in die er mich zur Erholung einlud. Eines Tages folgte ich seiner Einladung. Er holte mich, wie immer, am Flugplatz ab und wir fuhren zu seinem Haus. Dort machte mir ein fremder Mann mit einem 10jährigen Jungen auf. Ich dachte, dies sei der Nachbar, der das Haus eingehütet hatte. Aber nein, weit gefehlt, dieser Mann war die Vorhut der anderen Gäste: es folgten noch 5 weitere Männer, die Joe extra für mich eingeladen hatte - wegen der Geselligkeit. Von seinem beziehungsorientierten Standpunkt aus war das eine vollkommen nachzuvollziehende Planung. Doch mich hatte dieses Arrangement in eine tiefe Krise gestürzt. Denn nun hatte ich aufgrund meiner stärker distanzorientierten Anteile ein wirkliches Problem: Smalltalk von Sonnenauf- bis Sonnenuntergang und keine Fluchtmöglichkeit für mich.

Mir stand im übertragenen Sinne der Schaum vor dem Mund, doch Joe meinte es einfach nur gut mit mir.

Beziehungsorientierte haben eine besonders ausgeprägte emotionale Intelligenz. Menschen, soziale Systeme und zwischenmenschliche Beziehungen können sie sehr gut und intuitiv verstehen. Die Fähigkeit, sich mit anderen Menschen zu identifizieren, ist sehr ausgeprägt.

Dafür fällt ihnen die Beschäftigung mit allem Abstrakten, wie Technik, Computer und Mathematik in der Regel schwerer. Alles, wozu wir nicht einen gefühlsmäßigen Kontakt aufnehmen können, ist für diese Menschen eine Herausforderung.
In Unternehmen und Organisationen zeigt sich das daran, dass die Beziehungsorientierten besondere Probleme beim Umstellen eines Computersystems oder anderer technischer Systeme haben.
Auch zu Hause lassen Beziehungsorientierte die technischen Probleme lieber andere Familienmitglieder erledigen als selbst Hand anzulegen.

Beziehungsorientierte Menschen begegnen ihrer ganzen Umwelt stärker auf der Beziehungs- als auf der Sachebene. Das heißt nicht, dass sie dumm wären, sie haben nur eine andere Art von Intelligenz, die im zwischenmenschlichen Bereich sehr hilfreich ist, im technisch-mathematischen allerdings nicht so sehr.

Viele Beziehungsorientierte neigen und bevorzugen ein eher ruhiges Leben. Hektik, Stress und äußerer Druck führen meist nicht zu höheren Leistungen, sondern eher zu

Blockaden. Diese Menschen brauchen Zeit für ihre Prozesse, Arbeiten und Aufgaben. Die moderne Leistungsgesellschaft entwickelt sich genau entgegen diesen Bedürfnissen, was dazu führt, dass beziehungsorientierte Menschen immer stärker unter Druck geraten und sich schlecht fühlen. Der gegenwärtige Zeitgeist macht Beziehungsorientierte leidend: Die Beziehungsfähigkeit der Menschen nimmt ab, Trennungen und Scheidungen nehmen dagegen zu, Freundschaften werden oberflächlicher, die Ruhe ist aus den sozialen Systemen gewichen und Stress hat Einzug gehalten. Die Gesellschaft wird kühler, distanzierter und egoistischer: jeder denkt immer stärker an sich selbst, das Ganze und Gemeinsame fällt dabei zunehmend hinten herunter. Das ist eine Entwicklung, die den beziehungsorientierten Menschen auf das Gemüt schlägt und zu Depressionen und Resignation führt.

Gesellschaftlich werden beziehungsorientierte Menschen leider nicht sehr hoch geschätzt. Wenn wir den Lohn einer Krankenschwester, die im 3-Schicht-System täglich kranke und hilflose Menschen selbstlos versorgt, mit dem Lohn eines leitenden Angestellten eines Großunternehmens vergleichen, dann sehen wir deutlich, wo die Schwerpunkte in unserer Gesellschaft liegen. Soziale Berufe sind die schlechtbezahltesten in Deutschland. Auch hier kommen beziehungsorientierte Menschen – materiell – zu kurz. So lange wir gesund und erfolgreich sind können wir deren Einsatz nicht wirklich schätzen, erst wenn wir selbst krank oder hilflos in einem Altersheim leben, dann wünschen wir uns diese Menschen um uns herum.

2.1 Lebensgeschichtlicher Hintergrund

Die beziehungsorientierte Persönlichkeit entwickelt sich ca. vom 2. - 4. Lebensjahr. Es ist die Zeit, in der wir als Kleinkinder lernen müssen, dass Mutti und wir unterschiedliche Wesen sind. Das Kleinkind bildet im ersten Jahr mit der Mutter - psychisch - noch weitgehend eine seelische Einheit, die sich erst langsam auflöst. Wir müssen in dieser Phase lernen, ein eigener Mensch zu sein, wir trennen uns von der Mutter (das Stillen hört in der Regel auf, Sprechen, Laufen und Denken beginnen langsam). Von ihrer natürlichen Anlage her sind diese Kinder oft ruhig, pflegeleicht, gesellig und gutmütig. Sie schlafen in der Regel schnell und gut durch, essen und trinken ohne große Probleme. Beziehungsorientierte Persönlichkeitsstrukturen gründen vor allem in drei Grunderfahrungen: Verwöhnung, Versagung, Geschwistergeburten.

Ein typisches Beispiel für die Entstehung eines beziehungsorientierten Mannes:
Die Mutter ist selbst beziehungsorientiert, der Vater stärker distanzorientiert. Die Mutter kommt emotional zu kurz und leidet darunter. Der kleine Sohn wird nun zum unbewussten Partnerersatz. Die unerfüllten emotionalen Bedürfnisse und Erwartungen der Mutter werden auf den kleinen Sohn übertragen. Sie lauten etwas so: „Mein kleiner Prinz, du bist mein Verbündeter, du musst mir jetzt alles geben, was mir dein Vater verwehrt: Verständnis, Liebe, Zuwendung, seelische Gemeinsamkeit..." Und da findet sich noch eine kleine Nebenklausel: „Werde bloß nicht wie dein Vater!" Das muss die Mutter nicht verbal aussprechen, es reicht, wenn es

ihre unbewussten Erwartungen sind. Für den kleinen Jungen aber sind es die Bedingungen der mütterlichen Liebe. Er wird es tun, denn er liebt seine Mutter. Er wird der Gute, der Verständige, der auf seine eigenen Bedürfnisse zu verzichten lernt... Wenn er groß ist, wird er ein Frauen-Versteher: einfühlsam, sensibel, mitfühlend. Er wird sich für einen sozialen Zivildienst entscheiden anstatt den bösen und brutalen „Mörderdienst" im Militär abzuleisten ... Er wird – um es etwas vulgär zu formulieren – ein „Weichei". Die Eigenschaften seines distanzorientierten Vaters sind für ihn tabu. Dafür wird er lebenslang eine starke Mutterbindung haben2

2.2. Typische Krankheiten:

Hier ist besonders der zu **niedrige Blutdruck** zu nennen. Die seelische Ursache liegt in der Verdrängung der Aggression und aller damit verbundenen Vitalimpulse. Aus Angst vor Konflikten und letztlich vor Trennung, verbietet sich der Beziehungsorientierte, die eigenen Aggressionen hoch kommen zu lassen. Die für diese starke Verdrängung notwendige Energie zeigt sich im „Herunterdrücken" des Blutdruckes. Der niedrige Blutdruck entspricht also auf der körperlichen Ebene symbolisch ganz genau der inneren, psychischen Verdrängung der eigenen Aggressionen. Umgekehrt kann der niedrige Blutdruck geheilt werden durch bewusste Wahrnehmung und Integration der eigenen Aggressionen in das bewusste Leben.

Beziehungsorientierte neigen vor allem zu Krankheiten des Aufnahme- und Verdauungstraktes und von **Hals**- und **Zahn**problemen bis zu **Magen**- und **Darm**krankheiten.

Symbolisch repräsentieren diese Krankheiten die Unfähigkeit des Beziehungsorientierten, im Leben zuzugreifen. Sie sitzen sozusagen vor der vollgedeckten Tafel des Lebens, können aber für sich selbst nicht ausreichend zugreifen. Für andere können sie das sehr gut, kommen aber in der Regel auf Dauer zu kurz.

Der **Hals** symbolisiert unsere Fähigkeit, die eigenen Bedürfnisse, vor allem auch die aggressiven und „egoistischen" auszudrücken. Darum sprechen wir im Volksmund oft davon, dass wir einen „dicken Hals" bekommen haben, wenn wir unsere nicht ausgelebte Wut beschreiben. Beziehungsorientierte Menschen haben von dieser unterdrückten Wut mehr als andere, sie schlucken zu viel Negativität herunter, die sie besser nach außen geben sollten. Dann wird der Hals krank: Angina, Schilddrüsenerkrankungen (die den Hals nun auch sichtbar anschwellen lassen), Kehlkopfentzündungen usw. sind die Folge.

Der **Magen** steht symbolisch für das Verdauen unserer Erfahrungen. Da die Beziehungsorientierten zu viel Negatives „schlucken" und sich oft ausnutzen lassen, häufen sich viele Erfahrungen an, die schwer zu verdauen sind. Das erschafft Magenprobleme. Wenn durch dieses zu angepasste Verhalten und durch damit verbundene Zukurzkommen der eigenen Bedürfnisse die Süße des Lebens verloren gegangen ist, wird die **Bauspeicheldrüse** krank. Auch die **Zuckerkrankheit** hat diese Bedeutung: Die Süße des Lebens ist verloren gegangen.

Derselbe Zusammenhang zwischen Erfahrung und Körper zeigt sich bei den Beziehungsorientierten im **oberen Rücken**. Denn dort werden die schweren Erfahrungen abgelegt. Da Beziehungsorientierte oft die Erfahrung machen, ausgenutzt und benachteiligt zu werden, haben sie am Leben oft schwer zu tragen. Das zeigt sich symbolisch an Verkrümmungen des oberen Rückens und der Schultern. Rundrücken bis hin zur Puckelbildung bei alten Menschen sind die Folge. Der Puckel symbolisiert auch die angestauten Aggressionen im Zusammenhang mit permanenter Überlastung.

Der **Darm** symbolisiert auf der Körperebene unsere Fähigkeit, loszulassen. Den Beziehungsorientierten fällt es besonders schwer, Menschen und Beziehungen loszulassen. Wenn die Kinder aus dem Haus gehen oder der Partner sie verlassen hat, dann reagiert oft der Darm mit Krankheit. Verstopfung zeigt die Weigerung an, loszulassen, während der Durchfall Angst zur Ursache hat. Deshalb sagen wir auch im Volksmund, wir haben „Schiss".

Die **Zähne** stehen psycho-symbolisch für die Fähigkeit des „Bisses", des „Zubeißens", der Ent-Scheidung. Scheiden ist ja die größte Angst des Beziehungsorientierten, deshalb fallen diesen Menschen Ent-Scheidungen schwer. Sie wollen es allen recht machen, was niemals funktioniert. Ihnen fehlt der Biss. Deshalb die Zahnprobleme.

Besonders gefährdet ist der Leber/Galle-Bereich. Psychosymbolisch repräsentieren **Leber und Galle** die verdrängten Aggressionen. Der Volksmund sagt „dem ist eine Laus über die Leber gelaufen", oder: „mir kommt die

Galle hoch". Diese Sprüche zeigen, dass Leber/Galle für die Verarbeitung von Aggressionen stehen. Da der Beziehungsorientierte mit Aggressionen sein größtes Problem hat, werden sie unterdrückt, verdrängt und heruntergeschluckt. Das rächt sich körperlich dann durch Gallensteine, Leberentzündung, Gelbsucht etc.

Für den Beziehungsorientierten ist die Schaffung von Beziehungs-Abhängigkeit eine grundlegende Möglichkeit der eigenen seelischen Sicherheit. Abhängigkeit ist deshalb auch unbewusst ein problematisches Thema. Diese Menschen sind besonders anfällig für alle Arten oraler Abhängigkeiten, wie Alkoholismus, übermäßiges Essen, Tablettensucht. **Alle Arten von Sucht** sind sehr gefährlich für Beziehungsorientierte.

Auch der **Krebs** als die gegen sich selbst gerichtete Negativität ist für Beziehungsorientierte eine sehr ernsthafte Gefahr. Solche Krankheiten werden sich zuerst an den oben genannten Organen bemerkbar machen: Leber/Galle/Magen/Darm und Brust.

.
Wie erkennen sie beziehungsorientierte Persönlichkeiten?

Diese Menschen zeichnen sich in der Regel durch eine offene, bezogene und freundliche Haltung aus, wenn auch manchmal etwas leidend.

Körperhaltung

Mehrheitlich werden diese Menschen eher vollschlank und beleibter wirken. Sie sind vom Wesen her sinnlich, oftmals richtige Genießer. Dass sie gerne essen und trinken zeigt meist der Körperumfang. Bei stärker ausgeprägten Beziehungspersönlichkeiten, vor allem vom Typ ‚Hilflos', hängen oft die Schultern etwas herunter. Beim genauen Hinsehen macht das einen versteckt resignierten Eindruck. Einige neigen sogar zum Rundrücken bis hin zur Buckelbildung. Sie können diesen Menschen manchmal gleichsam ansehen, wie schwer sie am Leben zu tragen haben.

Kleidung/Äußeres

Da diese Menschen nicht auffallen wollen, sondern eher Gemeinsamkeiten mit anderen suchen, ist die Kleidung schwerer zu identifizieren. Privat bevorzugen sie lockere, fallende und wallende Kleidung aus Naturstoffen wie Baumwolle. Hemden/Blusen werden lieber über statt in der Hose/Rock getragen - das bietet sich oft schon durch den Körperumfang an. Bevorzugte Farben sind gelb bis ocker, helles bis dunkles braun, beige sowie *alle Pastell-Töne*.

Die **Wohnung** von Beziehungsorientierten ist immer gemütlich. Dicke, warme Teppiche, weiche Sofas und Sessel prägen das Bild. Warme, helle Farben an den Wänden geben den Räumen eine positive Note. Dafür muss nicht alles perfekt sein. Die Möbel und Einrichtungsgegenstände sind zum Leben und Benutzen gedacht, nicht als Museum. Oft sind Haustiere sehr willkommen, die ebenso wie die Menschen zur Familie gehören und das Sofa ebenso bewohnen wie die Gäste. Promenaden-Pluto – der

Familienhund – ist zugelaufen oder aus dem Tierheim, er ist ebenso beziehungsorientiert wie sein Herrchen oder Frauchen. In dieser Wohnung wird gelebt, und das ist den Gegenständen anzusehen. Auch die Ordnung ist dem Lebendigen untergeordnet. Die Wohnung des Beziehungsorientierten verbreitet das Gefühl: „Hier darf ich sein!". Sie lädt zum Ausruhen und Beine-Hochlegen ein. Überall werden Bilder von Familienangehörigen und Freunden zu finden sein.

Autos
Beziehungsorientierte fahren gerne gemütliche, runde Autos. Gerne wird auch ein Van gefahren, da sie ausgesprochene Familienmenschen sind und gerne mit vielen Menschen unterwegs sind. Besondere Marken werden nicht bevorzugt, auch wenn sicher der Opel und viele asiatische Modelle eine gute Chance haben. Die „Sonne" – der Helfer - fährt auch gerne Mercedes. Helle Pastelltöne werden bei den Autos bevorzugt.

Ein Blick in das Innere des Autos hilft, die beziehungsorientierten Anteile zu entdecken. Mit hoher Wahrscheinlichkeit wird etwas Essbares im Auto liegen: eine Schachtel mit Keksen, eine Cola-Dose... Dann sind Kissen und Decken sehr beliebt, ebenso Plüschtiere zum Kuscheln. Das Auto macht von innen den Eindruck eines fahrenden Wohnzimmers.

2.3   Typisches Kritik- und Konfliktverhalten

Konflikte sind furchtbar für sie - das schlimmste, was ihnen passieren kann. Kritik ist dagegen nicht so schlimm. Der Hilflose wird dazu neigen, alle Schuld auf sich zu laden, schnell zu bekennen und negative Werturteile über sich selbst abzugeben: „Ich bin nun einmal ein Trottel...", „Ach, das tut mir aber leid...", „Ich habe zwei linke Hände", „Es war wirklich unmöglich von mir...", „Ich sollte das alles lieber sein lassen, ich bin wahrscheinlich zu blöd dafür...".

Der Helfer kann da schon anders reagieren, vor allem, wenn er andere zu verteidigen hat, wie z.B. sein Team. Für den Helfer ist auch sehr wichtig, ob derjenige, der ihn kritisiert, über oder unter ihm steht in der Hierarchie. Von oben wird er sich eher Kritik gefallen lassen als von unten.
Der Hilflose hat im engeren Sinne gar kein Konfliktverhalten, weil er jedem Konflikt ausweicht. Darin besteht sein größter Konflikt. Er neigt zum Nachgeben und Unterordnen.
Im Allgemeinen wird der Beziehungsorientierte den Kompromiss oder sogar den Konsens anstreben, wobei dieser oft eine geheime Unterordnung unter die Bedürfnisse des Kontrahenten bedeutet.
Ein starker ‚Helfer' ist sehr kompromissfähig. Nur wenn er von ‚unten' kritisiert wird, könnte er die Unterordnung als Konfliktlösung verlangen.

2.4 Tipps zum Umgang mit Beziehungsmenschen

In der Kommunikation und Argumentation ist zu beachten:

- Stellen Sie eine persönliche Beziehung her, schaffen Sie eine vertrauensvolle Atmosphäre.
- Beginnen Sie immer mit "Smalltalk " und einem "Aufwärmer".
- Fallen Sie nicht gleich mit der Tür ins Haus.
- Argumentieren Sie mehr persönlich auf der Beziehungsebene.
- Betonen Sie Gemeinsames, vermeiden Sie Trennendes.
- Argumentieren Sie möglichst anschaulich und konkret.
- Vermeiden Sie Statistiken und zu viele abstrakte Fakten und Informationen.
- Benutzen Sie als Argumentationshilfe sinnliche Instrumente wie Schaubilder, Scheibendiagramme und ähnliches.
- Sprechen Sie von Ihrer eigenen Betroffenheit, das ist oft stärker als irgendein abstraktes Sachargument.
- Argumentieren Sie immer vom Ganzen her, z.B. vom Team, Firma, von den Auswirkungen auf andere.
- Vermeiden Sie „Beamtendeutsch", also eine abstrakte Sprache mit vielen Fremdworten oder leeren Floskeln.
- Benutzen Sie ihre eigene, natürliche Sprache.

- Setzen Sie den anderen nicht zu stark unter Druck, er reagiert zwar darauf, weil es ihm vielleicht schwerfällt, nein zu sagen, aber er kann das Ergebnis nicht mittragen.
- Nutzen Sie in Ihrem eigenen Interesse die Unfähigkeit zur Abgrenzung, zum Biss, nicht aus.
- Ermuntern Sie ihr Gegenüber, ehrlich die eigenen Bedürfnisse und Konditionen auszusprechen, damit haben Sie auf Dauer mehr Erfolg als mit Druck.

Hinweise für Führungskräfte

Wenn Sie beziehungsorientierte Persönlichkeiten führen, dann beachten Sie:

- Vermitteln Sie ein Wir-Gefühl.
- Nutzen Sie die Bereitschaft zur Hingabe nicht aus, sondern unterstützen Sie den Mitarbeiter, die eigenen Bedürfnisse, Wünsche und Probleme zu äußern.
- Lassen Sie Beziehungsorientierte immer im Team arbeiten, vermeiden Sie Isolation, am besten ist ein Gemeinschaftsbüro.
- Halten Sie oft persönlichen Kontakt, erkundigen Sie sich öfter nach dem Befinden dieser Mitarbeiter.
- Loben und Anerkennen Sie häufig.
- Verstehen Sie sich als Coach dieser Mitarbeiter und unterstützen Sie diese Menschen einfühlsam bei der Selbstwerdung.
- Geben Sie klare Konzepte vor.

- Diese Menschen haben ihre Stärken im zwischenmenschlichen Bereich, deshalb sollten Sie Beziehungsorientierte auch mit Menschen arbeiten lassen z.B. im Dienstleistungs- und Beratungsbereich.
- Setzen Sie diese Mitarbeiter nicht in konfliktintensiven Arbeitsgebieten ein.
- Lassen Sie diese Menschen nicht harte Verhandlungen führen.
- Vermitteln Sie diesen Mitarbeitern Schutz und Geborgenheit, in dem Sie als Chef auch nach außen Deckung und Solidarität erlebbar machen.
- Ziehen Sie auch vorsichtig Grenzen und beharren Sie freundlich auf Distanz, vor allem, wenn diese Menschen Sie täglich besuchen und ständig Fragen haben.
- Vermeiden Sie Überforderungen und steigern Sie langsam das Niveau der Aufgaben.
- Nutzen Sie die integrative und soziale Kompetenz dieser Menschen für die Stimmung im Team, lassen Sie die Beziehungsorientierten Feiern ausgestalten, Jubiläen organisieren und Ähnliches.
- Stark Beziehungsorientierte sollten nicht im Verkauf arbeiten, da sie eher dazu neigen werden, sich vom Kunden etwas andrehen zu lassen als selbst ein Produkt zu verkaufen.
- Reagieren Sie aktiv auf nonverbale Signale wie trauriger Ausdruck, vermehrte Krankheit, zu spät kommen und ähnliches: Gehen Sie auf diese Menschen aktiv zu und erfragen sie mögliche Probleme.

- Bieten Sie Unterstützung auch bei privaten Problemen an, sofern Sie diese vermuten.

Hinweise zum Umgang mit dem Chef

Wenn Sie von einem beziehungsorientierten Chef geführt werden:

- Halten Sie oft persönlichen Kontakt zu Ihrem Chef.
- Zeigen Sie sich von ihrer kommunikativen Seite.
- Ritualisieren Sie die Kontakte (Jour fix u.ä.) damit Ihr Chef ausreichend Kontakt hat und Sie Ihre Ruhe.
- Fordern Sie Schutz und Solidarität ein.
- Informationen sollten Sie vorsortieren und vorgewichten.
- Ihr Chef hat Schwierigkeiten mit Entscheidungen, erarbeiten Sie also gut ausgereifte Entscheidungs-Vorlagen, das hilft ihm.
- Geben Sie klare Empfehlungen ab.
- Zeigen Sie soziales Entgegenkommen, vermeiden Sie Ihre eigene Isolierung.
- Bemühen Sie sich um die Achtung Ihres Chefs, auch wenn Sie ihn vielleicht für ein „Weichei" halten oder seine eigene Anpassung nach oben kritisch sehen.
- Geben auch Sie Signale der Solidarität, Ihr Chef braucht das.

Hinweise für die Partnerschaft

In der Partnerschaft mit einem beziehungsorientierten Menschen ist zu beachten:

Wenn Sie sich einen solchen Menschen als Partner/Partnerin gewählt haben, dann haben Sie selbst vermutlich stärker distanzorientierte oder ordnungsorientierte Persönlichkeitsanteile. Sie können an Ihrem Partner/Partnerin eine Menge lernen und über sich selbst hinauswachsen.

- Ihr Partner/Partnerin braucht viel Wärme, Zuneigung und Zärtlichkeit.
- Sprechen Sie oft und offen über die eigenen Gefühle.
- Nehmen Sie sich viel Zeit für den Partner/Partnerin.
- Bemühen Sie sich um ein tiefes Verständnis Ihres Partners/Ihrer Partnerin und tun Sie die Probleme des anderen nicht als unbedeutend ab („ich verstehe gar nicht, was daran ein Problem sein soll...")
- Geben Sie dem Anderen nicht ständig Ratschläge, die er/sie nicht verwirklichen kann, weil er/sie ganz anders ist als Sie selbst („mach dir doch nicht immer die Probleme der anderen Leute zu eigen...")
- Planen Sie viele gemeinsame Aktivitäten, gemeinsame Hobbys sind sehr unterstützend.
- Diese Menschen brauchen Schutz und Verlässlichkeit in der Beziehung: eine Heirat wird sicher ein natürliches Ziel für Ihre Partnerin/Ihr Partner sein.
- Vermeiden Sie eine zu lange eigene Abwesenheit.

- Im Sexualleben spielen Vor- und Nachspiel eine sehr große Rolle, der Austausch von Zärtlichkeiten und Streicheln kann wichtiger sein als der Geschlechtsakt im engeren Sinne.
- Nutzen Sie diese Menschen nicht aus, weil sie bereit sind, auf Sie einzugehen und die eigenen Bedürfnisse hinten an zu stellen.
- Zeigen Sie Respekt und Achtung für Ihre Partnerin/Ihren Partner.
- Repräsentieren Sie vor anderen Leuten Solidarität nach außen und stellen Sie niemals Ihren Partner/Partnerin vor anderen bloß.
- Unterstützen Sie Ihren Partner/Ihre Partnerin langsam und einfühlsam in der Selbstwerdung, fordern Sie den anderen auf, ehrlich die eigenen Bedürfnisse zu formulieren, ohne gleich mit Konflikt oder Trennung zu drohen.
- Reflektieren Sie immer darüber, warum Sie sich ausgerechnet einen beziehungsorientierten Partner/Partnerin gewählt haben – das hilft Ihnen, den Wert dieses Menschen für ihr Leben besser wahrzunehmen: diese Menschen geben Ihnen etwas ganz Besonderes – LIEBE und Vertrauen.
- Setzen Sie die Drohung, sich zu trennen, niemals als Druckmittel in der Partnerschaft ein, damit disqualifizieren Sie sich selbst.

3. Die Ordnungs- und Machtmenschen

Diese Menschen leben vor allem unser Bedürfnis nach Ordnung, Dauer und Sicherheit. Es ist sozusagen die „psychische Schwerkraft", die ihr Leben bestimmt. Dementsprechend ist ihre Grundangst die vor Veränderung, Unsicherheit, Unordnung und Machtverlust. Diese psychischen Kräfte machen aus ordnungsorientierten Menschen oft schwierige Konfliktpartner. In der Regel zeichnen sich solche Menschen durch ein überdurchschnittliches Maß an Korrektheit und Ordnung aus. Sie legen viel Wert darauf, dass die Dinge so bleiben, wie sie sind oder wie sie sie haben wollen. Neuigkeiten und Veränderungen stehen sie eher skeptisch gegenüber. Sie sind konservativ - auch politisch. Sie haben ein stark ausgeprägtes Kontrollbedürfnis, damit wollen sie vermeiden, dass nichts Unerwartetes ohne ihr Wissen und ihre Kontrolle geschieht. Das Bekannte und Bewährte gibt diesen Menschen das Gefühl der Sicherheit. Neuerungen werden nur dann bejaht, wenn sie mehr Macht, Einfluss und Kontrolle ermöglichen. Neuen Erfahrungen weichen diese Menschen oft aus, sie neigen dazu, diese dann im Sinne des Alten und Bewährten zu interpretieren. Um Sicherheit zu erlangen, halten diese Menschen oft an Meinungen, Erfahrungen, Einstellungen und Grundsätzen fest, ebenso an materiellen Dingen.

Innerlich **bewerten** sie ständig ihr Umfeld und auch sich selbst. Die Welt des Ordnungsorientierten, sein ganzes Denken und Empfinden, ist eingeteilt in richtig und falsch, gut und schlecht. Wertneutrale Betrachtung ist ihm unmöglich. Was immer der Ordnungsorientierte erlebt, tut und empfindet: es wird mit den Kategorien gut und schlecht, richtig und falsch bewertet. Natürlich bewertet er sich selbst auch ständig mit diesen Kriterien. Ordnungsorientierte sind **sehr kritische** Menschen. Und da sie sich um größtmögliche Korrektheit bemühen, finden sie natürlich überall Kritikpunkte. In der Regel sind Ordnungsorientierte **Perfektionisten.** Da es im Leben aber nichts Perfektes gibt (*perfec*t kommt aus dem Lateinischen und bezeichnet die vollendete, abgeschlossene Gegenwart, also etwas Totes), kämpfen sie ständig gegen den Prozess des Lebens an, indem sie versuchen, an oft starren Ordnungen festzuhalten. Dort pressen sie das Leben und auch die Menschen allzu gerne hinein, was natürlich permanent zu Konflikten führt.

Ganz besonders viel Wert legen Ordnungsorientierte auf das **Rechthaben.** Sie setzen alles daran, recht zu haben oder zu behalten. Diese Menschen sind nicht nur die besten Kunden der Rechtsschutzversicherungen, sondern auch der Anwälte und Gerichte. Ist diese Persönlichkeitsstruktur sehr stark ausgeprägt, so können diese Menschen geradezu ,Fersenbeißer' sein, damit meine ich: Wenn sie sich erst einmal verbissen haben in eine Streitfrage, so lassen sie nicht mehr los, bis einer unterlegen ist und ein anderer - meistens sie selbst - gesiegt haben.

Ihr Weltbild ist bis ins Detail hierarchisch aufgebaut: Sie denken, fühlen und handeln hierarchisch. Es gibt nur oben und unten. Partnerschaftlichkeit und Gleichwertigkeit auf derselben Ebene gehören nicht zu ihrem Gefühlsprogramm. Sie bevorzugen deshalb ganz klar zwei Konfliktlösungsstrategien: *Vernichtung des Gegners und*

Unterordnung. Tief in ihrer Seele ist das Highlander-Programm eingebrannt: ‚Es kann nur einen geben'. Konflikte werden zumeist im Sinne des Wild-West-Duells ausgetragen: Zwei stehen sich gegenüber - einer wird liegen bleiben. Partnerschaftliche Lösungen sind diesen Menschen innerlich fremd, selbst wenn sie sich bewusst darum bemühen.

Ordnungsorientierte haben oft ein stark *ausgeprägtes Macht- und Geltungsbedürfnis.* Das kommt daher, da sie einerseits von Natur aus vital und stark sind, und andererseits das ganze Leben kontrollieren müssen, damit nicht unvorhergesehene Veränderungen geschehen. Da das ganze Leben aber seinem Wesen nach Veränderung ist, streben sie danach, möglichst viel Einfluss zu gewinnen und viele Bereiche des Lebens zu kontrollieren. Das gibt ihnen Sicherheit.

Auch gegen den äußeren Anschein haben solche Menschen oft ein sehr schwaches Selbstwertgefühl, deshalb auch der Geltungsdrang. Sie *suchen ständig die Anerkennung,* vor allem von ‚oben', von übergeordneten Autoritäten und Vaterfiguren.

Sie genießen ihre Macht und leben sie je nach Charakter intensiv aus. Wir finden diese Menschen ganz besonders in allen hierarchisch organisierten Unternehmen und Organisationen. Sie fühlen sich von starken Hierarchien magisch angezogen, wie z.B. beim Militär, Polizei oder in der Verwaltung als Beamte. Aber auch die meisten Führungskräfte in den Unternehmen müssen von dieser Persönlichkeitsstruktur wesentliche Anteile haben, anders können sie gar nicht erfolgreich in diesen Systemen agieren. Die meisten Probleme gibt es für diese Menschen auf der eigenen Hierarchie-Ebene, weil sie sich dort ständig auf Machtkämpfe einlassen.

Selbst in persönlichen Beziehungen neigen Ordnungsorientierte zur *Über- und Unterordnung*. Der autoritäre Manager, der tagsüber der absolute Boss in der Firma ist, kann zu Hause durchaus unter der Knute seiner Frau stehen: Dort ist er oben, hier unten. Wichtig ist nur, dass es dieses Oben und Unten gibt.

Privat gibt es oft Spannungen mit den Kindern, wenn diese in die Pubertät kommen und eigene Wege beschreiten. Der klassische Ordnungsorientierte reagiert damit mit dem Satz: "Solange du deine Füße unter meinen Tisch steckst, wird auch gemacht, was ich sage!"

Innerlich **vergleichen** sich Ordnungsorientierte ständig mit anderen, sie leben in ständiger Konkurrenz. Privat sind es die Nachbarn und Freunde: „Was fahren die für ein Auto? Ist ihr Haus größer, schöner, teurer als meins? Wo steht mein Freund auf der Karriereleiter, über oder unter mir? Wo sind denn die Meiers hingefahren in den Urlaub? Wir müssen einen noch teureren Urlaub machen! ..."
Typisch für dieses Muster ist die Sparkassen-Werbung: „Mein Haus, mein Auto, mein Pferd, meine Segelboot, mein Swimmingpool...."

Status ist äußerst wichtig, weil die hochwertigen materiellen Dinge Anerkennung versprechen. Deshalb neigen diese Menschen dazu, sich – wenn es sein muss - auch zu verschulden, nur um nicht sozial im Wertevergleich zu unterliegen!

Dieses **ständige Vergleichen und Bewerten** des Umfeldes und der eigenen Person ist natürlich ziemlich anstrengend. Denn Ordnungsorientierte müssen sich und dem Umfeld ja permanent beweisen, dass sie besser sind als die anderen. Sie leben in ständiger, von ihnen als natürlich empfundener **Konkurrenz**. Das erzeugt natürlich einen großen Erfolgsdruck und bringt viele Zwänge mit sich. Deshalb zeichnen sich Ordnungsorientierte durch einen **starken Ehr-Geiz** aus. Sie wählen Sportarten, bei denen sie sich ständig vergleichen und gegen andere gewinnen oder verlieren können. Sport ohne Kampf und Vergleich hat keinen Reiz für sie. Zur Not kämpfen sie noch gegen sich selbst, wenn sie mit der Stopuhr in der Hand joggen, um zu überprüfen, ob sie langsamer geworden sind...

Oft haben Ordnungsorientierte einen **Aggressionsüberschuss**, den sie durch Sport abbauen können. Gerne gehen sie aber auch *jagen*. Waffen sind überhaupt eine große Leidenschaft Ordnungsorientierter: sie schenken ihnen das Gefühl von Macht. Ein stark Ordnungsorientierter wird aber niemals zugeben, dass er gerne schießt, um zu töten. Er wird eine Ideologie vorschieben und erklären, dass er sozusagen einen selbstlosen und wichtigen Dienst an der Natur tut. Und das ist ein wichtiges Kriterium für Ordnungsorientierte, vor allem auch im Konfliktfall: *Ihnen fällt es oft sehr schwer, ehrlich gegenüber ihren Gefühlen zu sein.* Gefühle sind ja unberechenbar, subjektiv und damit potentiell gefährlich. Gefühlvolles Verhalten wird oft strikt abgewertet. Da Ordnungsorientierte einfach alles bewerten, fällt das Urteil über Gefühle oft besonders streng aus. Das führt zu Verdrängung und Unehrlichkeit. Anstatt sich zu den eigenen Gefühlen zu bekennen, benutzen diese Menschen lieber rationale Ideologien, um auf diese Weise gleichsam offiziell legitimiert ihre Gefühle ausleben zu können. Der christlich-konservative Vater verprügelt regelmäßig seinen Sohn, weil in der Bibel steht, ‚Du sollst deinen Sohn züchtigen' - und nicht etwa, weil er sich bodenlos ärgert. Der KZ-Aufseher in Auschwitz verbrennt täglich 1000 Juden, weil er damit das deutsche Blut reinigt - und nicht etwa, weil er ein entarteter, perverser Rassist ist, der Juden hasst. - Das sind ganz bewusst negative Beispiele, weil sie das Problem im Konflikt deutlich machen: *Der Ordnungsorientierte ist zumeist nicht willens, für seine eigenen Gedanken und vor allem für seine Gefühle die Selbstverantwortung zu übernehmen.* Er verallgemeinert und verobjektiviert seine Gefühle, er legitimiert sie mit Ideologien, so dass nicht mehr er selbst dafür verantwortlich ist, sondern irgendeine abstrakte Idee oder Ideologie. Im Konfliktfall wird er sich immer auf andere berufen, auf Gesetze, Beschlüsse, Regeln, allgemeine Wahrheiten etc. Oft ist es unmöglich, mit diesen Menschen im Konfliktfall von Mensch zu Mensch zu reden.

Exkurs: Preußische Tugenden und Hitler

Ich glaube, vor allem wir Deutschen haben von den ordnungsorientierten Persönlichkeitsanteilen überdurchschnittlich viel. Die alten preußischen Tugenden wie Pflichterfüllung, Disziplin, Ordnung, Sauberkeit und Pünktlichkeit sind - bei aller Wertschätzung - auch der psychische Nährboden, auf welchem ordnungsorientierte Persönlichkeiten gedeihen.

Hitler war dafür ein Beispiel wie aus dem psychologischen Lehrbuch. Mit seinen pervertierten Wertvorstellungen von ‚rein' und ‚unrein' hatte er es geschafft, große Bevölkerungsschichten zu manipulieren. Das Weltbild der Nazis war einfach, klar und voller Wert- und Vorurteile gegenüber Juden und Andersdenkenden. Wichtig war dabei die Verabsolutierung der eigenen Werte und der eigenen Ideologie der Macht. Das schaffte Sicherheit, Ordnung und Orientierung für den kleinen Mann auf der Straße. Es befreite den Einzelnen auch von seiner Selbstverantwortung für seine Gefühle und Handlungen. Für die Ideologie durfte gebrandschatzt und gemordet werden. Ein Ventil und Persil-Schein für alle, die sich mal so richtig austoben wollten. Die rechtsextreme Gewalt zeigt uns, dass dieses Muster noch immer unter uns lebendig ist. Das gilt nicht nur für den Nationalsozialismus, sondern für alle totalitären Systeme und Ideologien. Sie basieren auf einer ordnungsorientierten Grundpersönlichkeit.

In Unternehmen führen Ordnungsorientierte ein strenges Regiment. Ordnung, Übersicht und Qualität stehen im Vordergrund der Arbeit. Delegieren fällt diesen Menschen ganz besonders schwer, denn es bedeutet ja, Macht abzugeben. Sie leben und arbeiten nach dem Motto: "Vertrauen ist gut, Kontrolle ist besser!". Um ihr Sicherheitsbedürfnis zu befriedigen, sammeln sie ungeheure Mengen an Informationen an, die sie oft dann nicht mehr zu Entscheidungen verarbeiten können. Sie sind äußerst detailorientierte Menschen und können sich eine Menge von Fakten auch über lange Zeiträume gut merken. Ihr Gehirn scheint oft wie ein Computer zu funktionieren. In der Regel sind diese Menschen ausgezeichnet informiert. Wenn nicht, dann werden sie es sich niemals anmerken lassen. Sie arbeiten ausgezeichnet mit Zeit und Geld, sind Planungsgenies und können oft sehr gut organisieren.

Entscheidungen zu treffen ist nicht ihre Sache, denn jede Entscheidung muss ja perfekt sein. Das kann zu Zaudern, Zögern und Aussitzen führen. Wenn sie sich dann entscheiden, stehen sie in der Regel treu dazu.
Angenehm ist bei diesen Menschen ihre Zuverlässigkeit. Da ist nicht nur die Pünktlichkeit, sondern auch die Ernsthaftigkeit, mit der Vereinbarungen eingehalten werden.

Die Welt und das Leben als Kartenhaus

Die Welt des Ordnungsorientierten besteht, um im Bilde zu sprechen, aus lauter Ordnungen und Regeln, die in mühevoller Kleinarbeit zusammengefügt und zusammengehalten werden und ein großes Kartenhaus bilden. Jede der Ordnungen und Regeln ist eine Karte. Was von außen wie eine unbedeutende Kleinigkeit aussieht, kann für den Ordnungsorientierten die entscheidende Karte sein, die das ganze Kartenhaus zum Einsturz bringt. Das ist jedenfalls ihre unterbewusste Angst und negative Phantasie: Jeder Verstoß gegen eine kleine Regel könnte sofort das Ganze gefährden! Deshalb sind Ordnungsorientierte so leicht aus der Fassung zu bringen, wenn auch nur Kleinigkeiten nicht so laufen, wie sie es sich wünschen.

Beispiel:
Die Tee-Regel: In einem großen öffentlichen Betrieb traf ich auf einen Gesprächspartner, der stark ordnungsorientiert war. Wir setzten uns zum Gespräch und die Sekretärin

brachte mir auf meinen Wunsch hin Tee, er trank Kaffee. Wir wollten gerade unser Gespräch beginnen, als ich unterbewusst meinen Teebeutel anfasste und ihn im Kännchen zu schwenken begann. Mein Gesprächspartner bemerkte den Teebeutel, schaute auf seine Uhr und belehrte mich, dass ich meinen Tee nun nach einer oder nach drei Minuten trinken könne. So eröffnete er das Gespräch. Das war seine Ordnung, die er mir mitteilen musste. Sie war ihm wichtig und ich hätte vermutlich mein Geschäft gefährdet, wenn ich mit ihm jetzt über den Tee diskutiert hätte. Es hätte sein Weltbild gefährdet, wenn ich den Tee nach 8 Minuten getrunken hätte. Denn es war die Karte, die das Kartenhaus bedrohte.

Beispiel:
Der Faden: Ein anderer ordnungsorientierter Seminar-Teilnehmer verlor seine Konzentration und beinahe seine Fassung, weil während des Seminars an der unteren Naht meiner Jeans ein kleiner Faden heraushing.
Es kam, wie es kommen musste, er meldete sich und bat mich darum, mir den Faden abschneiden zu dürfen. Ich gestattete es ihm, weil ich wusste, dass ich ihn verlieren würde, solange die Sache mit dem Faden nicht geklärt ist. Er kam nach vorne, kniete vor mir nieder und schnitt mir vor der ganzen Seminargruppe den Faden ab. Natürlich hatte er sein Taschenmesser mit kleiner Schere immer dabei. Es muss für ihn wie ein Orgasmus gewesen sein, endlich den befreienden Schnitt tun zu dürfen.

Beispiel:
Staatssicherheitsdienst der DDR: Erich Mielke hat jeden Bürger der DDR bespitzeln lassen, weil die Partei-Führung die Wahnidee hatte, dass Frau Müller mit ihrer kritischen Bemerkung, die sie beim morgendlichen Einkauf beim Bäcker fallen ließ, die Konterrevolution auslösen könnte! Jede Bemerkung, jede klitzekleine Kleinigkeit konnte die entscheidende Karte sein, die das ganze Kartenhaus zum Einsturz brachte.

Das stark ausgeprägte Bedürfnis, sich nach Ordnungen und Regeln zu verhalten, führt bei Ordnungsorientierten oft zur Ausbildung von **Zwängen**. Sie haben dann nicht mehr die Wahl, eine Handlung so oder auch anders auszuführen.
Die Fernbedienung *muss* dann immer an derselben Stelle im rechten Winkel liegen. Das Werkzeug *muss* in einer bestimmten Reihenfolge angeordnet sein. Die Toilettenrolle *muss* immer mit dem Papier nach außen und nicht nach innen abgerollt werden. Es entsteht ein *Müssen* in verschiedenen Bereichen des Lebens.

In der Regel beschränkt sich dieses Verhalten nicht nur auf das eigene Leben der Ordnungsorientierten, sondern sie wollen auch den Menschen ihres Umfeldes vorschreiben, wie sie zu sein haben, was sie zu denken und zu tun haben. Besonders in der Familie kommt es mit Ordnungsorientierten oft zu schweren Konflikten.

Der klassische Ordnungsorientierte war - und ist noch - ein sehr belastbarer, treuer und loyaler Zeitgenosse. Auf ihm ruhte die Ordnung der deutschen Gesellschaft. Das ganze Beamtentum in seiner positiven Ausprägung ist von dieser

Persönlichkeit getragen gewesen. Der deutsche Nationalcharakter hat seinen größten Anteil im ordnungsorientierten Bereich. „Made in Germany", deutsche Qualitätsarbeit, deutsche Pünktlichkeit, Gründlichkeit, Genauigkeit haben ihre psychische Wurzel in dieser Persönlichkeitsstruktur. Ebenso leider auch im Negativen, hier zum Beispiel die durchgeplante, fabrikmäßige Vernichtung des jüdischen Volkes. Alles ein Muster. Positiv und negativ.

In unserer heutigen Zeit der Globalisierung, der permanenten Veränderung, der Auflösung alter, bewährter Strukturen; in unserer Zeit der schnellen, oberflächlichen Entscheidungen, in der die alten Werte zunehmend verfallen, haben es diese Menschen ganz besonders schwer. Ordnungsorientierte geraten heute so stark unter psychischen Druck wie niemals zuvor. Das äußert sich leider zunehmend im „Falling-Down-Syndrom" (ich habe das nach dem gleichnamigen Hollywood-Film mit Michael Douglas so genannt) oder anders ausgedrückt: Immer mehr ordnungsorientierte Menschen knallen durch, laufen Amok und begehen schlimmste Straftaten. Aus den USA sehen wir mit Befremden, wie Kinder in der Schule bereits Amok laufen und Lehrer und Klassenkameraden mit automatischen Waffen umbringen. Bei uns in Deutschland häufen sich statistisch die Fälle, in denen ruhige, unauffällige Durchschnittsbürger ihre Familien und schließlich sich selbst umbringen. Aus der Schweiz wurde neulich ein solcher Fall berichtet, wo ein Amokläufer ins Rathaus stürmte und 14 Abgeordnete erschoss, nur, weil er sich über eine Entscheidung geärgert hatte.

Aufgrund der Kenntnis der Psyche dieser Menschen gehe ich davon aus, dass sich diese Vorfälle in Zukunft weiter häufen werden, weil die Ordnungsorientierten mit dem Gang der gesellschaftlichen Entwicklung immer öfter nicht mehr mithalten können. Sie geraten unter starken psychischen Druck, ihre Ur-Ängste werden mobilisiert und sie rasten aus und laufen Amok.

Die Aggression folgt dabei einem bestimmten Muster: Hintergrund sowohl des Amoklaufes als auch des Selbstmord-Terrorismus ist ein tiefes Gefühl der Demütigung. In Europa und USA sind es in der Regel die gehemmten und verklemmten Ordnungsorientierten, die schließlich zum Amokläufer werden. Denn diese Menschen verdrängen besonders intensiv ihre Aggressionen, die aus Erfahrungen der Demütigung, des Zukurzkommens oder der Kritik herrühren. Irgendwann läuft das Fass über – meist durch eine Kleinigkeit – und der Ordnungsorientierte wird zu einem Amokläufer. Da dieser Mensch ja selbst alles streng bewertet, weiß er ganz genau, dass diese Tat etwas Schlechtes und Verabscheuungswürdiges ist. Deshalb richtet sich der Amokläufer immer selbst nach der Tat. Er bestraft sich anschließend selbst, doch vorher muss der abgrundtiefe, angestaute Hass im Töten ausgelebt werden.

Ordnungsorientierte kommen in **drei Groß-Gruppen** vor:

Der bäurische Typ

Der Bauer ist sozusagen die natürliche Ur-Form des Ordnungsorientierten: Hier dominieren Bodenständigkeit, Tradition, Verwurzelung mit der Scholle. In der ländlichen Bevölkerung ist der ordnungsorientierte Anteil traditionell besonders hoch. Doch der bäurische Typ ist nicht Mister Pingelig, sondern trägt gerne seine bequemen Kord - oder Arbeitshosen und die Schuhe dürfen ruhig schmutzig sein, wenn er von draußen kommt. In der guten Stube werden die Schuhe natürlich ausgezogen, da herrscht schon eine klare Ordnung. Sein kleiner Hut, vielleicht mit einer Feder geschmückt, ist sein Markenzeichen. Der typische Bayer in seiner Trachtenhose ist das anschaulichste Beispiel für diese Gruppe. Ein sehr konservativer, traditionsbewusster, bodenständiger, aber auch geselliger Mensch. Daher kommt der zutreffende Spruch *„was der Bauer nicht kennt, das isst er nicht"*. Diese Art ordnungsorientierter Menschen hat eine bäurische Schläue ausgebildet, eine ganz eigene Art der Intelligenz. Bei Verhandlungen wird auch gefeilscht - denn ohne das macht es keinen Spaß -, doch am Ende steht ein Handschlag, auf den sich beide Partner 100% verlassen können. Es bedarf keiner langen Verträge, denn das Wort gilt hier noch etwas. Lieblingsauto: der große Mercedes.

Der deutsche Otto-Normal-Verbraucher

Der Durchschnittsdeutsche gehört für mich hier her. Er ist eine Mischform aus Beziehungs- und Ordnungsorientierten Anteilen, wobei die Ordnung dominiert. Otto-Normal-Verbraucher baut sein Haus, hat eine Familie, geht zur Arbeit und sieht zu, dass seine Welt klein, überschaubar und vor allem sicher ist. Die obersten psychischen Werte sind eindeutig *Sicherheit* und *Anerkennung*. Alles andere kommt danach. Er trägt gerne Westen jeder Art, Männer lieben den Oberlippen- bzw. den Bart, der ganz um den Mund herum wächst. Auch Vollbärte werden gerne getragen, dann aber kurz geschnitten und sehr gepflegt. Die Hemden werden immer kariert sein, nicht gestreift, weil das Karo dem Unterbewussten die geschlossene Ordnung symbolisiert. Ihre Lieblingsfarben sind eindeutig grün in allen Varianten sowie Bordeaux und lila in allen nur möglichen Facetten. Otto-Normal-Verbraucher fährt am liebsten einen Opel, meistens in den Lieblingsfarben grün oder Bordeaux. Gerne wird auch Silber gefahren.

Otto-Normal-Verbraucher wird Beamter oder mittlerer Angestellter einer Firma, gerne auch im öffentlichen Dienst. Geld und Karriere spielen eine große Rolle, bleiben aber der Sicherheit untergeordnet. Denn Sicherheit besitzt für Otto-Normal-Verbraucher die allerhöchste Priorität: sozial ebenso wie finanziell. Er neigt zu Existenzängsten und glaubt daran, dass er oft im Leben zu kurz kommt, auch bei Kleinigkeiten (wie beim Einsteigen in den Bus oder Zug: „Ich könnte keinen Platz mehr kriegen!" oder im Supermarkt „Die könnten mir alles vor der Nase wegkaufen" oder „Ich stelle mich immer an die lange Schlage an..."). Sein Weltbild ist etwas enger gefasst, weil das auch Sicherheit gibt. Er glaubt an die sogenannte ‚objektive Realität' und bezeichnet sich deshalb auch als ‚Realist'. Für ihn zählen nur Daten, Fakten und Zahlen. Alles andere gefährdet relativ leicht sein Sicherheitsbedürfnis. Deshalb mag er keine Experimente, das verunsichert nur. Er ist auch leistungsorientiert, aber mehr aus dem Bedürfnis nach Sicherheit heraus. Otto-Normal-Verbraucher lebt die typischen deutschen Tugenden wie Fleiß, Zuverlässigkeit, Pünktlichkeit,

Ordnungsliebe, Belastbarkeit, Loyalität und Zielstrebigkeit. Er empfängt gerne klare Weisungen, die er korrekt ausführt. Zu viel Selbstverantwortung und Entscheidungsfreiraum verunsichert ihn. Er ist stark detailorientiert und neigt deutlich zum Perfektionismus, um Kritik zu vermeiden. Denn das ist das Allerschlimmste für ihn. Seine Hobbys sind Sport, wobei es immer eine Art von Wettkampf beinhalten muss; sammeln in jeder Hinsicht (Briefmarken, Bierdeckel, Autos, Zeitschriften...etc.), am Haus oder Auto bauen, Gartenarbeit. Auch im Verein engagiert er sich und in anderen öffentlichen Ämtern. Aber er besteht auch auf einer wichtigen Funktion, denn das verspricht Anerkennung und Macht.

Der Politiker und Manager
Diese Ausprägung ist nun ausgesprochen Macht- und Imageorientiert. Ehrgeiz, Machtwille, Einfluss und Dominanz prägen sein Leben. In der Hierarchie wollen diese Menschen ganz nach oben. Sie haben oft wenig Toleranz und müssen alles und jeden stark kontrollieren. Das Leben soll nach ihren Regeln ablaufen, wenn das nicht klappt, setzten sie ihre Macht ein und arbeiten gerne mit Druck. *Leistung* spielt für diese Menschen eine überdurchschnittliche Rolle. Sie laufen im Hamsterrad. Da sie von Natur aus oft auch sehr vital und stark sind, kann das lange anhalten, bis es oft zu ernsthaften körperlichen Problemen führt - meist verbunden mit Herz-Kreislauf-Erkrankungen wie Herzinfarkt oder Schlaganfall. Überhöhter Blutdruck ist sehr verbreitet. Ihre Lieblingsautos sind BMW und Audi, gefolgt von VW Passat und Mercedes. Im Geschäftsleben werden die Autos in schwarz, dunkelblau oder silber bevorzugt, privat in den Lieblingsfarben grün, bordeaux oder ebenfalls silber.

Die Kleidung besteht aus 100% Markenartikeln, das Vergleichen gewinnt eine neue finanzielle Dimension. Haus, Urlaub, Einkommen, Kinder, Ehefrau - alles wird zum Gegenstand des Vergleichens mit anderen. Obwohl sie insgesamt eher zum Geiz neigen, sind sie sogar bereit, sich für das Vergleichen mit anderen, für ihr Image, zu verschulden. Selbst in der Freizeit vergleichen sie sich. Wenn solche Männer abends beim Bier beisammensitzen, dann werden grundsätzlich Witze über einander gerissen, ein permanenter Schlag-Abtausch. Einer wird den anderen überbieten und an zynischen Bemerkungen wird kein Mangel sein. Jeder versucht, sich auf Kosten eines anderen aufzubauen und sich in ein besseres Licht zu setzen.

Ihre Hobbys sind Tennis, Golf, alle Image-Sportarten aber ganz besonders gerne jagen sie. Beim **Jagen** leben diese Menschen ihr erhöhtes Aggressionspotential aus, was sie aber niemals zugeben würden. Sie selbst benutzen irgendwelche Ideologien, um ihren Jagdtrieb zu rechtfertigen, wie z.B. „Ich unterstütze als Heger und Pfleger nur die Natur..."

Während Otto-Normal-Verbraucher noch die alte Tugend der Loyalität lebt, nimmt sie unter dieser Gruppe dramatisch ab. Betrug, Lüge und Manipulation sind (Abgas-Skandal!) - leider - zu selbstverständlichen Mitteln der Machterlangung oder -erhaltung geworden. Im Geschäftsleben ist das sehr erschwerend. Während im ländlichen Bereich heute noch immer Verträge - selbst mit erheblichem finanziellem Umfang - per Handschlag geschlossen werden, ist das unter der dritten Gruppe der Ordnungsorientierten unmöglich geworden. Hier geht es nur noch um den eigenen Vorteil, um

Sieg über den anderen, die Mittel spielen dabei eine untergeordnete Rolle. Beispiel: Die Spenden-Skandale bei den Parteien in Deutschland. Während für Otto-Normal-Verbraucher die Sicherheit den obersten Wert darstellt, ist es für den Manager/Politiker die Macht und Karriere. Sie stehen über allem und deshalb werden heutzutage auch alle verfügbaren Mittel dafür eingesetzt.

Der **intellektuelle Ordnungsorientierte** ist Lehrer (Studienrat), höherer Beamter oder Professor. Er hat ein ausgezeichnetes Fachwissen, ist extrem detailorientiert, liebt alles Geschichtliche, kann ausgezeichnet verhandeln und belehren. Sein Lieblingsauto ist der Volvo. Viele der ehemals 68ziger Generation sind heutzutage von dieser Persönlichkeitsstruktur. Sie leben den Ordnungssinn auf intellektueller Ebene aus, halten sich deshalb in ihrem Selbstbild für progressiv, sind aber vom Verhalten eher konservativ.

3.1   Lebensgeschichtlicher Hintergrund

Die ordnungsorientierte Persönlichkeitsstruktur entwickelt sich in der Phase zwischen dem 3. und 5. Lebensjahr. Voraussetzung ist zumeist eine starke, vitale und motorische Anlage. In diesem Alter werden wir zum ersten Mal massiv mit den Werten der Erwachsenenwelt konfrontiert, mit ‚richtig‘ und ‚falsch‘ und ‚gut‘ und ‚böse‘. Es ist auch die Zeit der Sauberkeitserziehung. Während die Mutter sich bisher über eine vollgemachte Windel gefreut hat, werden wir nun kritisiert, wenn wir weiter in die Windel machen, denn wir sollen auf den Topf gehen. Für das Kind beginnt zum ersten

Mal Bewertung im strengen Sinn. Leistung wird gefordert. Die paradiesische Zeit des Geliebtseins um des reinen Daseins willen ist vorbei. Wir werden jetzt mehr und mehr geliebt für das, was wir leisten. Besonders motorische und vitale Kinder durchleben jetzt oft eine Phase permanenter Kritik und Ablehnung. Sie machen einfach alles falsch. Sie gehen überall ran, können nicht still sitzen, so dass diese Kinder nach einiger Zeit aufgrund ständiger negativer Rückmeldungen die Gewissheit verinnerlichen: „Mit mir stimmt was nicht, ich bin nicht gut genug oder ich bin schlecht/schmutzig/faul....". Als seelischer Ausgleich dieser inneren Überzeugung entstehen nun ordnungsorientierte Gefühls- und Verhaltensmuster.

Die negativen Glaubenssätze der Ordnungsorientierten lauten:
Ich bin schlecht; Ich bin böse; Ich bin nicht gut genug; Ich mache alles falsch...Ich bin im negativen Sinne anders als die anderen; Ich bin eine Plage für mein Umfeld; Ich bin eine Zumutung...

Positive Glaubenssätze können lauten:
Ich bin stark, ich bin ausdauernd,

Wie erkenne ich ordnungsorientierte Persönlichkeiten?

Das ist relativ leicht. Stark ausgeprägte Ordnungsorientierte machen einen überaus korrekten, ordentlichen und sauberen Eindruck. Manchmal sind sie von der Aura der Macht umgeben.

Farben

Die Lieblingsfarben aller Ordnungsorientierten sind Grün, Weinrot, Lila und dunkles Braun. Ihr Lieblingsmuster ist natürlich kariert. Denn das Karo repräsentiert eine geschlossene Ordnung.

Die Farbe **Grün** symbolisiert seelisch unsere Bedürfnisse nach Macht, Ordnung, Regeln, Dominanz, Herrschen und Bewertung. Grün ist auch die Farbe des Rechthabens und der Bewertung von Richtig und Falsch, Gut und Böse. Das Militär ist grün, in Deutschland war vollkommen zutreffend auch die Polizei mit grünen Uniformen ausgestattet. Die Natur als die größte bewusst erfahrbare Macht, ist ebenfalls grün für uns Menschen.

Weinrot symbolisiert unser Bedürfnis nach Sicherheit im weitesten Sinne. Darin eingeschlossen unser Bedürfnis nach Gewohntem, nach Wiedererkennen, Regelmäßigkeit und Beständigkeit. Alte Menschen neigen vermehrt zu dieser Farbe, da sie in der heutigen Welt der schnellen Veränderung verstärkt Ängste entwickeln. In der PKW-Industrie hat sich der Name „Rentner-Rot" eingebürgert, weil überdurchschnittlich viele Senioren diese Farbe für ihr Auto bevorzugen.

Lila ist die Steigerung von Weinrot und symbolisiert ein überhöhtes Sicherheitsbedürfnis und die damit verbundenen Ängste vor Veränderung, Unsicherheit, Chaos und Verlust.

Dunkles **Braun** ist eine Erdfarbe und symbolisiert unser Bedürfnis nach Bodenständigkeit, Heimat und Beständigkeit.

Kleidung/Äußeres

Der stark entwickelte Ordnungsorientierte legt viel Wert auf Kleidung und Statussymbole (Markenware, vor allem bei der Kleidung, Autos, Haus, Schmuck etc). Ordnungsorientierte Männer lieben Siegelringe aller Art. Der ordnungsorientierte Normalbürger zieht gerne Westen an (auch Frauen), ohne mit der restlichen Kleidung aufzufallen.

Ordnungsorientierte sind in der Regel kräftig und haben einen starken Körperbau. Sind sie eine Mischform mit dem Beziehungsorientierten, so werden sie gut beleibt sein (die ‚Sonnen' und ‚Glucken'); mischen sie sich mit dem Distanzorientierten, so sind sie eher schlank (Hitler). Ihre Sprache ist oft laut und kräftig, ebenso der Händedruck. Sie machen oft einen dominanten Eindruck.

Wohnungen

Otto-Normal-Verbraucher wohnt in einer bürgerlichen oder kleinbürgerlichen Wohnung. Es gibt Gardinen, die geweißt und gestärkt in regelmäßigen Schwingungen gefaltete liegen. Der Teppich ist gesaugt und fusselfrei. Die ganze Wohnung macht den Eindruck, nicht nur sauber, sondern rein zu sein. Wenn die Einladung zum Mittagessen zu 13 Uhr ausgesprochen wurde, so empfiehlt es sich, 12,55 h zu klingeln, da mit dem Gongschlag 13 h die Kartoffeln dampfend auf dem Tisch stehen. An der Tür wird der Gast freundlich gebeten, die Straßenschuhe auszuziehen, dafür werden auch spezielle Gästehausschuhe zur Verfügung gestellt. Dann geht es in die gute Stube. Die Möbel sind eher rustikal und als Blickfänger steht die Vitrine mit dem guten Geschirr im Wohnzimmer. Dort befindet sich hinter Glas der Familienschatz aus Porzellan, der mindestens ein Mal in der Woche abgestaubt, aber niemals benutzt wird, denn er könnte kaputt gehen. Nun sollte sich der Gast auf gar keinen Fall von selbst irgendwo hinsetzen, denn im Hause der Ordnungsorientierten gibt es immer Stammplätze. So werden die Gäste freundlich darauf hingewiesen, wo für sie eingedeckt wurde. Die Servietten und das Tischtuch sind edel und rein, so dass ein Kleckern von jedermann als Verstoß gegen die Ordnung erlebt werden muss. Und selbst wenn die Gastgeberin sagt, „das macht doch nichts", so will sich nicht der rechte Glaube einstellen, dass dieser Ausspruch wirklich gilt. Wenn der Gast dann zwischendurch die Toilette aufsucht, wird das Sofakissen noch einmal schnell aufgeschlagen. Ist der Gast zurück auf seinem Platz, huscht die Gastgeberin noch einmal schnell durch das Bad, um die Wasserflecken abzuwischen und das Handtuch wieder richtig hinzuhängen.

Der Garten, sofern vorhanden, ist gepflegt und ordentlich. Die Bäume sind beschnitten, die Beete frei von Unkraut und der Rasen wird täglich bewässert und jede Woche gemäht.

Die Wohnung des Managers und Politikers dient allein der Repräsentation, (wie leider oft auch die Familienmitglieder). Hier gibt es große Fenster und Räume, in denen sich alte, teure Möbel finden und natürlich Kunst. Die Wohnung hat eher musealen Charakter und entbehrt einer gewissen Gemütlichkeit.

3.2 Typische Krankheiten:

Ordnungsorientierte neigen vor allem zu **Herz-Kreislauf-**Krankheiten. Da sie permanent unter Druck stehen und sich selbst stark kontrollieren, führt das fast immer zu **Blut-Hochdruck**. **Herzinfarkt** und **Schlaganfall** sind die typischen Krankheitsbilder, zu denen es im fortgeschrittenen Alter kommt. Und leider auch die häufigste Todesursache dieser Gruppe von Menschen.

Knieprobleme sind geradezu ein Muss für Ordnungsorientierte. Die Knie repräsentieren psycho-symbolisch unsere Fähigkeit nachzugeben („ich habe ihn in die Knie gezwungen"). Da Ordnungsorientierte damit riesige Probleme haben und sehr stark zur Sturheit und Unnachgiebigkeit neigen, zeigt sich das in den Knien. Das Knie symbolisiert auch die Demütigung. Ordnungsorientierte fühlen sich schnell gedemütigt, manchmal schon beim Spielen, wenn sie verlieren. Deshalb haben sie auch sehr oft Knieprobleme, die ihnen auf der Körperebene anzeigen, dass sie gerade Widerstände haben, nachzugeben oder sich zu verändern.
Im selben Zusammenhang ist der **Nacken** davon betroffen. Hier treten sehr häufig Verspannungen auf. Der Hals- und Nackenbereich symbolisiert unsere Fähigkeit, den Kopf zu drehen und andere, neue Perspektiven wahrzunehmen. Auch hier blockieren die Sturheit und das Festhalten an alten, vom eigenen Willen dominierten Perspektiven, das

freie Drehen des Kopfes. Der Volksmund spricht in diesem Zusammenhang von „Hart-Näckigkeit".

Rückenprobleme sind auch sehr verbreitet bei Ordnungsorientierten. Denn der Rücken symbolisiert für unsere Seele unser Gefühl der Unterstützung im Leben. Er ist physisch unser Stützsystem. Ordnungsorientierte empfinden sich oft nicht ausreichend unterstützt von anderen oder vom Leben. Da sie lange festhalten, kämpfen sie oft gegen den Fluss des Lebens an und stehen so schließlich auf verlorenem Posten. Der Rücken reagiert dann auf die seelischen Probleme. Besonders betroffen ist bei Ordnungsorientierten der untere Rücken im Bereich der Bandscheibe. Der Bandscheibenvorfall oder ähnliche Probleme treten auf, wenn sich Menschen überfordert fühlen und Angst haben, zu versagen. Auch Existenzangst – meist in Verbindung mit Überlastung/Überforderung und Versagensangst, ist oft die Ursache von Bandscheibenvorfällen.

Verstopfung im Darmbereich ist auch häufig. Ordnungsorientierte haben starke Verlustängste auf der ganzen Linie - vor allem auch materiell - und können deshalb sehr schwer oder oft gar nicht loslassen. Die Verstopfung symbolisiert das im Körper.

Die **Migräne** trifft fast ausschließlich ordnungsorientierte Menschen, vor allem Frauen. Dieser furchtbare Kopfschmerz, oft mit Übelkeit, Erbrechen und Lichtempfindlichkeit verbunden, symbolisiert Selbstkritik. Schmerz hat seelisch immer irgendeine Art von Schuldgefühl zur Ursache. Schmerz ist Selbstbestrafung. Mit

Migräne betrafen sich Ordnungsorientierte selbst, wenn sie ihrem eigenen Perfektionismus nicht mehr entsprechen können. Das Erbrechen zeigt im Extremfall, dass der oder die Betroffene ihre Situation gerade „zum kotzen" findet. Der positive Nebeneffekt besteht in der erzwungenen Ruhe. Echte Migräne setzt den oder die Betroffene außer Gefecht und verschafft dem Ordnungsorientierten eine Ruhepause inmitten des stressreichen Getriebenseins seines Lebens.

Unfälle sind auch sehr häufig im Leben der Ordnungsorientierten. Oft sind die Folge Knochenbrüche oder ähnliches. Solche, scheinbar von außen kommenden Unfälle sind die Folge von eigenen unbewussten und nicht ausgelebten Aggressionen. Der Unfall mit Verletzungsfolge ist ja ein aggressiver Akt, auch wenn er durch die scheinbar schicksalhafte Konstellation von außen kommend erscheint. Im Alter neigen Ordnungsorientierte zu allen Arten der **Versteifung**. Rheuma, Gicht, Arthrose und ähnliche Krankheiten führen zur Versteifung der Finger und Gelenke. Die innere Starrheit, Sturheit und Weigerung, sich zu verändern, manifestiert sich oft im
Alter auf diese Weise im Körper.

Ebenfalls ist die **Multiple Sklerose** hier zu nennen. Diese Krankheit des Nervensystems führt in der Regel zu schweren Lähmungen und oft zum Tode. Die MS ist nach meiner Erfahrung eine Körperreaktion auf Sturheit in Verbindung mit Opfergefühlen in Partnerschaften. Das muss nicht unbedingt der Ehepartner sein, das können auch Vater oder Mutter sein, die der oder die Betreffende in die Partnerrolle gestellt hat. Die Multiple Sklerose ist eine Art Trotz gegen erfahrene Verletzung oder Vernachlässigung durch den Partner. Der Betroffene hält an der Verletzung fest, fühlt sich unbewusst als Opfer und lähmt sich nun selbst, nach dem (unbewussten) Motto: „Da siehst du, was du davon hast, dass du mich verletzt oder vernachlässigt hast!"

Der **Haarausfall** ist auch typisch für ordnungsorientierte Menschen. Hintergrund ist hier Stress, Leistungsdruck und permanente Selbstüberforderung. Der Stress verkrampft die Kopfhaut und führt dazu, dass die Haare absterben, weil sie nicht mehr ausreichend versorgt werden. Es ist derselbe Stress und Druck, der auch die Migräne hervorbringt. So finden wir immer mehr junge Männer mit Glatze, weil Leistungsdruck und Stress in der Gesellschaft enorm gewachsen sind.

3.3   Typisches Kritik- und Konfliktverhalten

Kritik ist das Schlimmste, was diesen Menschen widerfahren kann. Kritikvermeidung ist ja Grund und Ziel ihres Perfektionismus! Denken Sie daran: das ganze Persönlichkeitsmuster ist aufgrund von Kritik entstanden. Sie hassen Kritik!
Meist reagieren sie *unterwürfig* oder *rebellisch* auf Kritik. In der Regel akzeptieren sie Kritik nur von ‚oben‘, d.h. von der nächst höheren Hierarchieebene. Kritik von ‚unten‘ wird oft nicht geduldet und auch bestraft. Vor Gruppen kritisiert zu werden ist für sie wie eine Hinrichtung. Das vergessen sie ihr Leben lang nicht. Deshalb sollten Sie das unbedingt unterlassen!

Im Kritikgespräch wollen Ordnungsorientierte alles bewiesen haben. „Beweisen Sie mir das!" - darauf werden diese Menschen bestehen. Sie neigen zuerst zur Leugnung und Schuldzuweisung auf andere. Liegen Beweise vor, können sie immer noch trotzig und äußerst stur reagieren (Helmut Kohl in der Spendenaffäre - ,Ich sage nichts!') und Kooperation blockieren. Sie neigen wegen ihrer Grundangst auch dazu, Tatsachen zu verfälschen und zu manipulieren, nur, um nicht verantwortlich sein zu müssen.

Die klassischen Konfliktstrategien sind ganz klar: *Unterordnung und Vernichtung des Gegners.* Wegen der Unterordnung bevorzugen Ordnungsorientierte Hierarchien. Jede Hierarchie hat ja ein implantiertes Konfliktlösungssystem aufgrund der definierten Ein- und Unterordnung. Ordnungsorientierte akzeptieren in der Regel dieses System, selbst wenn es nicht zu ihren Gunsten ausfällt. Der Vorstand ist der Vorstand - da beißt die Maus keinen Faden ab. Was er sagt, ist Gesetz.
Dennoch neigen sie auch zur Vernichtung des Gegners, bis hin zu der Gefahr, selbst vernichtet zu werden (auch im übertragenen Sinne). Japanische Manager begehen Selbstmord, wenn sie versagt haben. Hitler wollte systematisch Deutschland vernichten, nachdem ihm klar war, dass wir nicht das Herrenvolk sind, sondern versagt hatten. Der Normalbürger kann den Prozess gegen den Nachbarn bis in die letzte Instanz führen, nur um ihn zu ruinieren, auch wenn er sich selbst dabei ruiniert. Dass in einem Konflikt zwischen zwei Menschen einer auf der Strecke bleibt, ist eine Grundüberzeugung des Ordnungsorientierten. Ob es dabei zur Unterordnung oder zur Vernichtung des Gegners kommt, hängt vom Einzelfall

und vor allem vom emotionalen Gehalt des Konfliktes ab. Ein typisches Beispiel für dieses innere Muster ist das Motto der Highländer-Filme: „Es kann nur einen geben!" Alle Highländer kämpfen nun mit dem Einsatz ihres eigenen Lebens, um diesen einen herauszufinden. Das sie sich dabei selbst opfern müssen, leuchtet ihnen intuitiv ein.

Konsens ist für den Ordnungsorientierten fast unmöglich, Kompromisse empfindet er oft als faul, Flucht liegt ihm nicht, weil es für ihn ein Versagen bedeutet, zudem glaubt er an Kampf als Grundprinzip des Lebens.

Der **Terrorismus**, wie wir ihn in der neuen Dimension seit dem 11. September 2001 erleben, ist ein extrem typisches Konfliktverhalten des Ordnungs- und Machtorientierten. Die empfundene Demütigung ist so stark, dass der Wunsch nach Rache den eigenen Tod, also die Selbstvernichtung, miteinschließt. In der arabischen Welt hat die Ehre eine herausragende emotionale Bedeutung. Demütigung beginnt also sehr schnell. Die arabische Welt fühlt sich von der westlichen Zivilisation stark gedemütigt. Darin wurzeln der Hass und der Terrorismus. Das Konfliktmuster der Vernichtung durch Selbstmord hat hier seine psychische Wurzel. Daraus ist leicht zu sehen, dass militärische Mittel wie der Krieg in Afghanistan oder im Irak die Demütigung weiter steigern und damit den Terrorismus notwendig anheizen müssen.

Wir erleben auch in Deutschland immer mehr **Amokläufer**. Fast jeden Tag geschieht solch ein Amoklauf inzwischen bei uns, die meisten Vorfälle gelangen nicht mehr in die großen Tagesnachrichten, sondern landen in den Lokalzeitungen.

Der Amokläufer gehört zur Gruppe der Ordnungsorientierten. In der Regel ist die emotionale Ursache des Amoklaufs das Gefühl der Demütigung. Darauf entsteht ein solcher Hass, dass nun das Gewaltverbrechen folgt, entweder geplant oder spontan, ausgelöst durch eine Kleinigkeit, die das Fass zum Überlaufen bringt. Der typische Amoklauf endet mit dem Selbstmord des Täters. In der Zeitung lesen wir dann den vollkommen korrekten Satz: „Er richtete sich selbst". Genau das tut der Amokläufer. Da er in einer Welt aus Richtig und Falsch, Gut und Böse lebt und alles, auch sich selbst, ständig bewertet, weiß der Ordnungsorientierte ganz genau, dass seine Handlung schlecht und böse ist. Er verstößt also gegen sein eigenes Wertesystem, kann es aber nicht aufhalten, weil seine Aggressionen, aus dem Gefühl der Demütigung entsprungen, so stark sind. Also richtet er sich selbst, denn er hat gegen sein eigenes Wertesystem verstoßen, er hat versagt. Zugleich entzieht er sich einer weiteren Demütigung, nämlich der Bestrafung durch die Gesellschaft. Die Zahl der Amokläufe wird mit Sicherheit auch in Deutschland weiter steigen, weil die Verunsicherung durch Sozialabbau, Arbeitslosigkeit und den Veränderungen der Globalisierung die ordnungsorientierten Menschen hinter die Grenze ihrer psychischen Belastbarkeit treibt. Der ordnungsorientierte Mann hat eine erotische Beziehung zu Waffen aller Art, denn sie bieten ihm das Gefühl der Macht und Sicherheit. Schätzungen gehen davon aus, dass drei Mal so viele Bundesbürger illegal bewaffnet sind wie die legalen Waffenbesitzer. Es ist zu erwarten, dass noch viele ordnungsorientierte Männer von ihren Waffen im Sinne eines Amoklaufes gebrauch machen werden, wenn es der

Gesellschaft nicht bald gelingt, wieder Beständigkeit, Ordnung, Langfristigkeit und soziale Sicherheit zu schaffen.

3.4 Tipps für den Umgang mit Ordnungs- und Machtmenschen

In der Kommunikation & Argumentation beachten Sie:

- Bereiten Sie sich inhaltlich sehr gut vor!
- Gefragt sind Daten, Fakten, Zahlen und Detailwissen.
- Halten Sie sich mit persönlichen Stellungnahmen zurück, denn subjektive Standpunkte zählen für Ordnungsorientierte nicht. Diese Menschen sind davon überzeugt, in einer Welt ‚objektiver Fakten' zu leben.
- Gefühle bedeuten für Ordnungsorientierte oft Schwäche, darum vermeiden Sie es, Gefühle zu zeigen, das schwächt Ihre Position.
- Richten Sie sich auf einen Kampf ein, der Ordnungsorientierte spielt immer erst einmal das „Oben-Unten-Spiel", d.h. er testet, wer von ihnen beiden oben und wer unten ist.
- Argumentieren Sie auf der Sachebene.
- Benutzen Sie als Argumente Regeln, Gesetze, Verordnungen, Beschlüsse und Ähnliches.
- Ziehen Sie als Argumentationshilfe Statistiken und Vergleiche heran.

- Benutzen Sie ein „faktenangereichertes Beamtendeutsch" Marke „Brief vom Finanzamt".
- Erklären Sie Neues und Neuerungen vom Alten und Bekannten her.
- Benutzen Sie Argumente, die Ihrem Gegenüber das Gefühl der Sicherheit geben.
- Argumentieren Sie mit ökonomischem und zeitlichem Nutzen - der Ordnungsorientierte ist sparsam und oft geizig.
- Treten Sie selbstbewusst und kompetent auf, das stärkt Ihre Position.
- Legen Sie vor einer Verhandlung Ihre eigene Schmerzgrenze (z.B. Preis) fest und lassen Sie sich auf gar keinen Fall darunter drücken - gerade bei Preisverhandlungen! Wenn Sie ab einem bestimmten Punkt nicht knallhart NEIN sagen, wird Ihr Gegenüber immer weitere Forderungen stellen bis zur Unerträglichkeit für Sie.
- Setzen Sie am geeigneten Punkt eine ganz klare Grenze.
- Brechen Sie die Verhandlung ab, wenn der Ordnungsorientierte Ihre Grenze nicht akzeptiert. Wenn er an Ihnen wirkliches Interesse hat, wird er spätestens jetzt einlenken, bevor die Verhandlung platzt. Wenn er nicht einlenkt, ist er nicht Ihr Partner; suchen Sie sich einen anderen, so vermeiden Sie viel Ärger! Solche Kooperationen enden in der Regel vor dem Richter und kosten unterm Strich viel Geld.

Hinweise für Führungskräfte

Wenn Sie Ordnungsorientierte zu führen haben, dann beachten Sie:

- Geben Sie Aufgaben mit Genauigkeit: Technik, Controlling, QM etc.
- Lassen Sie diese Mitarbeiter besser mit Sachen als mit Menschen arbeiten.
- Diese Menschen haben oft ein ausgezeichnetes Arbeitsethos, Ehrgeiz und Erfolgswillen: Fördern Sie die Karriere dieser Mitarbeiter, zeigen Sie ihnen Aufstiegschancen auf.
- Geben Sie klare Ziele vor.
- Bieten Sie auch Weiterbildung im Bereich der Persönlichkeitsentwicklung und Selbstreflexion an.
- Muten Sie diesen Menschen nicht permanent Veränderung zu.
- Führen Sie konsequent und direkt: Klare Aufträge, klare Vorgaben, fest umgrenzt - inhaltlich und zeitlich.
- Nehmen Sie diese Mitarbeiter auch als Mensch an, selbst wenn Ihnen das manchmal schwerfallen sollte.
- Geben Sie diesen Mitarbeitern kontrolliert und begrenzt Kompetenzen und Macht.
- Achten Sie auf das Machtverhältnis zwischen Ihnen als Chef und diesen Mitarbeitern: Sie sind der Chef, auch wenn der Mitarbeiter oft meint, es besser zu wissen.

- Kontrollieren Sie dezent und öfter diese Mitarbeiter, da sie dazu neigen könnten, ihre Kompetenzen auf eigene Faust auszuweiten.
- Loben Sie viel! Anerkennung ist das Lebenselixier des Ordnungsorientierten!
- Geben Sie diesen Mitarbeitern auch Rückendeckung nach außen und gegenüber Dritten, das stärkt deren Loyalität Ihnen gegenüber.
- Zeigen Sie immer klare Ordnungen und Regeln auf (z.B. klare und deutliche Stellenbeschreibungen).
- Besonders Schnittstellen mit anderen Mitarbeitern oder Abteilungen sind Konfliktherde: Hier müssen die Aufgaben und Kompetenzen ganz genau definiert werden, sonst gibt es Ärger.
- Bestehen Sie auch im zwischenmenschlichen Umgang auf klaren Regeln des Miteinanders: Lassen Sie kein Mobbing, Zynismus oder schlechtes Reden zu!
- Zeigen Sie keine Schwäche, sondern Stärke - sachlich und menschlich.
- Geben Sie den Mitarbeitern eher weniger eigenen Entscheidungsspielraum. Ihnen fällt es leichter, auf Befehle und Anordnungen zu reagieren als selbst frei zu entscheiden. Deshalb sitzen sie selbstverantwortliche Entscheidungen gerne aus.
- Kritisieren Sie diese Menschen niemals vor anderen.
- Setzen Sie diesen Menschen bei Verhandlungen ein, bei denen es auf Härte und Kompromisslosigkeit ankommt.

Hinweise zum Umgang mit dem Chef

Wenn Sie von einer ordnungsorientierten Persönlichkeit geführt werden:

- Arbeiten Sie äußerst korrekt
- Treten Sie auch als Mensch immer korrekt auf, achten Sie dabei auch auf Äußerlichkeiten des Erscheinungsbildes und die Anstandsregeln.
- Besprechen Sie alle Abweichungen, die sich ergeben, mit Ihrem Chef.
- Halten Sie eine ausgezeichnete Aktenordnung.
- Treten Sie sicher und kompetent auf.
- Erkennen Sie die Autorität des Chefs an.
- Vermeiden Sie Konkurrenz mit Ihrem Chef, denn das ist eine der großen Befürchtungen von ihm - jemand könnte besser sein als er.
- Fordern Sie keine schnellen Entscheidungen ein.
- Begründen Sie Ihre eigenen Vorstellungen immer sachlich und logisch.
- Überfordern Sie Ihren Chef nicht mit Alternativen.
- Bieten Sie bei Lösungen nicht mehrere, sondern die Ihrer Meinung nach beste an.
- Legen Sie nur klar strukturierte und ausgereifte Konzepte vor.
- Vermeiden Sie auf jeden Fall offene Kritik, schon gar vor anderen!

- Geben Sie möglichst alle Informationen weiter, halten Sie keine zurück, das kann im Konfliktfall sehr böse gegen Sie verwendet werden.
- Entwickeln Sie die Bereitschaft, sich unterzuordnen.
- Bestehen Sie auf dem Respekt Ihrer Person, lassen Sie sich keine persönlichen Angriffe oder kränkenden Bemerkungen gefallen, ziehen Sie hier klare Grenzen.
- Ihr Chef ist sehr leistungsorientiert und fordert sehr viel von Ihnen - kommunizieren Sie sehr klar, was für Sie geht und was nicht, setzen Sie Grenzen (z.B. bei Thema Überstunden).
- Helfen Sie Ihrem Chef bei Entscheidungen, indem Sie klar und deutlich Ihre sachliche begründete Meinung abgeben.

Hinweise für die Partnerschaft

In der Partnerschaft mit einem Ordnungsorientierten beachten Sie:

- Auch in der Partnerschaft streben Ordnungsorientierte eine Oben-Unten Beziehung an, entweder sie fordern vom Partner Unterordnung oder sie ordnen sich selbst unter. Wirkliche Gleichberechtigung ist ihnen nicht möglich. Sie sind in der Regel treu und belastbar, was sich stabilisierend auf die Partnerschaft auswirken kann.
- Der übertriebene Ordnungssinn kann eine Partnerschaft sehr belasten. Richten Sie sich darauf

ein, dass Ihr Partner/Partnerin ausgeprägte Gewohnheiten mitbringt oder entfaltet. Es sind die vielen Kleinigkeiten, die eine ganz besondere Bedeutung gewinnen (wo die Fernbedienung liegt, auf welche Weise das Toilettenpapier abgerollt werden muss und wie oft sauber gemacht wird...) Sie brauchen Geduld und Liebe, um damit umgehen zu können.

- Vermeiden Sie Streitigkeiten, was oft sehr schwer ist. Ihr Partner/Partnerin möchte sehr gerne Recht haben und neigt dazu, auch gegen klare Beweise auf der eigenen Meinung zu beharren.
- Ordnungsorientierte möchten gerne die anderen Menschen so haben, wie sie das wollen. Das führt in Partnerschaften oft zu einer Art des Umgangs, die der andere als Bevormundung und Kritik empfindet. Setzen Sie hier frühzeitig klare Grenzen. Sie wissen jetzt: dieses kritische Verhalten gründet nicht in mangelnder Liebe, sondern in Angst.
- Vermeiden Sie auf jeden Fall ein gemeinsames Arbeitsfeld (z.B. gemeinsame Firma) mit einem ordnungsorientierten Partner. Diese Menschen leben in ständiger Konkurrenz, was sofort auf die Partnerschaft übergreift.
- Aufgrund des erhöhten Anerkennungsbedürfnisses spielt die Arbeit für Ihren Partner/Partnerin eine herausragende Rolle. Das beeinträchtigt auch die Partnerschaft oft durch Überstunden oder Arbeit zu Hause nach Dienstschluss. Zeigen Sie auch hier klare Grenzen auf.
- Geld und Karriere haben eine überdurchschnittliche Bedeutung für diese Menschen. Wenn Sie mehr

verdienen oder eine höhere Position einnehmen als Ihr Partner/Partnerin, so wird das zu Problemen führen, weil sich Ihr Partner/Partnerin minderwertig und unterlegen fühlt.

- Sichern Sie sich von vorn herein Ihre eigene finanzielle Selbständigkeit in Form eines eigenen Kontos oder ähnlichem. Ordnungsorientierte neigen dazu, gerade den Bereich Geld auch beim Partner kontrollieren zu wollen.

- Zeigen Sie vor anderen möglichst immer ihre Solidarität mit dem Partner, fallen Sie ihm/ihr niemals vor anderen Menschen in den Rücken, das ist eine schwere Demütigung und wird nicht ohne Folgen bleiben.

- Überfordern sie Ihren Partner/Partnerin nicht mit zu viel Veränderung und großen Entscheidungen. Diese Menschen brauchen Kontinuität und Langfristigkeit.

- Bemühen Sie sich im Alltagsleben um klare Regeln und Ordnungen, damit unterstützen Sie eine gewisse Ruhe in der Beziehung.

- Halten Sie immer Ihre Vereinbarungen ein, so schaffen Sie Vertrauen. Bei Verabredungen sollten Sie immer pünktlich sein.

- Vermitteln Sie Ihrem Partner/Partnerin das Gefühl der menschlichen Annahme und Liebe. Das ist das Größte, was Sie tun können, denn daran mangelt es diesen Menschen am allermeisten.

4. Die Rollenspieler

Diese Menschen leben vor allem den Impuls der seelischen ‚Fliehkraft'. Sie lieben die Abwechslung, den Reiz des Neuen und Unbekannten. Sie sind begeisterungsfähig und begeisternd, können andere oft mitreißen und strahlen so etwas Leichtes und Unbeschwertes ab. Die Kehrseite ist ihre tiefe Grundangst, festgelegt zu werden und nicht interessant zu sein. Diese Menschen meiden alle Arten von Festlegung. Und selbst wenn sie sich festgelegt haben (Termin, Ehe) sehen sie das nicht so streng und legen die Wirklichkeit sehr großzügig aus. Sie fühlen sich unwohl in allen Situationen, die für sie Einengung, Eingrenzung, Festlegung und letztlich Verantwortung bedeuten. Sie meiden die Begegnung mit der Seite der Notwendigkeit im Leben. Das macht den Umgang mit ihnen oft schwierig, vor allem im Hinblick auf Kritik und Konflikt. Denn für Rollenorientierte ist letztlich nichts wirklich verbindlich und verpflichtend, nichts hat Anspruch auf ewige Gültigkeit. Für sie soll alles relativ, lebendig, farbig bunt, veränderbar und diskutabel bleiben. So leben sie vornehmlich von Augenblick zu Augenblick, nicht nach festen Plänen und klaren Zielen, sondern eher intuitiv, immer in Erwartung von etwas Neuem und Aufregendem - was auch meist geschieht. Sie suchen neue Reize und Abenteuer - und sie ziehen diese an. Daher sind sie auch leicht verführbar durch den gerade vorherrschenden Reiz oder Wunsch, auch lassen sie sich leichter als andere ablenken. Sie stehen sozusagen unter dem Zwang, dem jeweils stärksten Impuls zu folgen, der den Reiz auf Neues befriedigt.

Allgemein gültige, verbindliche Normen werden von den Rollenorientierten vor allem unter dem Aspekt der Beschränkung und Einengung erlebt. Daher werden sie, wenn möglich, gemieden.

Diese Menschen leben nach dem Motto: „Ich bekomme immer eine Extrawurst im Leben! Ich bin die berühmte Ausnahme von der Regel!" - Und das stimmt sogar. Oft schaffen es gerade diese Menschen, Ausnahmen für sich zu erwirken. Aufgrund ihres Charmes und ihrer Ausstrahlung ist ihr Umfeld schneller geneigt, ein Auge zuzudrücken. Ein Rollenorientierter wird sich nicht an eine lange Warteschlange anstellen, sondern drängelt sich erfolgreich vor, ohne dass es zu lautem Protest der anderen kommt.

Der Widerstand gegen Festlegung zeigt sich bereits im Kleinen: Unpünktlichkeit ist ein Markenzeichen dieser Menschen - sozusagen aus Prinzip.

Da diese Menschen vor allem die festlegende, notwendige Seite des Lebens fürchten und vermeiden, die wir gemeinsam als „Realität" zu bezeichnen pflegen, entfernen sie sich immer weiter davon und bauen ihre eigene ‚Realität‘ auf, in der sie mehr und mehr leben. Manchmal bricht ihr Kartenhaus irgendwann zusammen und es kann zu schlimmen Krisen kommen, z.B. durch hohe Verschuldung und ein Leben über die eigenen Verhältnisse.

Da die Rollenorientierten sehr großzügig mit der „Realität" umgehen, erlangen sie eine Art Scheinfreiheit, die nach außen reizvoll und erotisch wirken kann. Die Leichtigkeit, mit der diese Menschen ihr Leben einrichten, kann beeindruckend sein. Da Verantwortung für sie vor allem Festlegung bedeutet, handeln sie oft nach dem Motto: „Nach mir die Sintflut!" - Nur das Jetzt, das Heute, die Gegenwart zählt. Wo andere Menschen sich Sorgen machen, weil sie kein Geld mehr haben, machen diese Menschen lieber noch einmal Schulden und fahren in die Südsee. Wo andere Menschen um ihren Arbeitsplatz bangen, sind diese Menschen schon nach Kanada ausgewandert oder arbeiten als Surflehrer in Haiti.

Ich nenne diese Persönlichkeiten rollenorientiert, da sie den Anschein machen, als würden sie immer eine Rolle für die Umwelt - und für sich selbst - spielen. Es ist schwer herauszufinden, wer der andere wirklich ist. Sie spielen den Liebhaber, den Käufer, den Geschäftsmann/die Geschäftsfrau, den großen Jungen, das kleine Mädchen... Sie *stehen vor allem unter dem inneren Zwang, aufzufallen und die Aufmerksamkeit ihres Umfeldes auf sich zu ziehen.* So lange das positiv funktioniert, ist es auch für das Umfeld angenehm. Rollenorientierte sind wunderbare Unterhalter, Entertainer, Gastgeber und Gäste. Sie sind schnell im Mittelpunkt einer Gruppe, haben verrückte, außergewöhnliche Geschichten zu erzählen, haben immer etwas Besonderes erlebt. Mit diesen Leuten wird es niemals langweilig. Negativ kann sich das durch Zuspätkommen, Aus-der-Rolle-Fallen, durch ‚Szenen' oder die Rolle des Clowns in der Gruppe bemerkbar machen.

Rollenorientierte leben von einem Impuls zum nächsten. Sie folgen immer dem stärksten Reiz. Ihnen fällt es sehr schwer, durchzuhalten und ein Ziel lange, auch gegen Widerstände, zu verfolgen. Sie geben leicht auf, sobald die Situation in harte Arbeit ausartet und damit das Prinzip der Forderung repräsentiert. Sie sind deshalb leicht abzulenken und folgen nicht langfristigen Zielen und Prinzipien. Sie gleichen eher dem Schmetterling, der von Blüte zu Blüte fliegt, immer dem stärksten Reiz folgend. Das führt im Leben dieser Menschen zu einer hohen Flexibilität und Veränderung. Sie wechseln oft den Beruf, die Firma, das Arbeitsfeld, da alles entweder schnell langweilig oder zu anstrengend wird. Beides sind Gründe zum Wechsel. Das betrifft auch die Partnerschaft. Damit sind diese Menschen auch besonders verführbar. Jeder starke Reiz kann sie verführen.

Das Leben dieser Menschen ist in der Regel bunt, aufregend und interessant. Der Wechsel ist die einzige Kontinuität. Sie haben etwas Erfrischendes an sich, oft Charme und Ausstrahlung. Rollenorientierte haben ein gutes Gespür dafür, sich in Szene zu setzen und eine Wirkung zu erzielen. Damit sind sie prädestiniert für alle Berufe in den Medien: Werbung, Film, Fernsehen, aber auch im Tourismus und Freizeitbereich finden wir sie.

Die größte Herausforderung im Leben dieser Menschen ist das Altern. Während sie lange Zeit erfolgreich allen Festlegungen ausweichen können, geht das beim Altwerden nicht mehr. Der Körper legt uns fest, Möglichkeiten schwinden. Das ist oft eine wirkliche Katastrophe für Rollenorientierte und kann zu schlimmen Krisen bis zum Selbstmord führen (Roy Black, Rex Gildo, die Schauspielerin Ingrid Steeger schnitt sich in Selbstmordabsicht die Pulsadern auf, Harald Junke soff sich zu Tode...).
Diese Angst vor dem Alter zeigt sich oft auch äußerlich, indem Rollenorientierte als ältere und alte Menschen dazu neigen, unpassende Kleidung zu tragen. Alte Damen, die sich viel zu intensiv mit Schminke anmalen, unpassend

jugendliche Kleidung tragen oder sich ihrem Alter ungemäß peinlich und unangemessen verhalten. Thomas Gottschalk zum Beispiel wird sicher noch mit 60 blonde Locken tragen und den großen Jungen spielen.

Exkurs: Die westliche Konsumgesellschaft

Das rollenorientierte Verhalten hat einen tiefen Einfluss auf die westliche Konsumgesellschaft gewonnen. Unsere Elterngeneration sparte noch viele Jahre auf den Neuwagen, der dann bar gekauft wurde. Heute braucht man doch kein Geld mehr, um teure Sachen zu kaufen: ‚Null-Leasing‘, jetzt kaufen - in einem halben Jahr zahlen‘, Kredit-Kauf‘ - das ist heute selbstverständlich. Der Kunde *soll* seine Bedürfnisse sofort befriedigen. Das Aushalten von Bedürfnisspannungen ist gesellschaftlich - vor allem wirtschaftlich - nicht mehr gefragt und wird nicht trainiert. Die Wirtschaft appelliert jeden Tag an unseren rollenorientierten Persönlichkeitsanteil, wenn es darum geht, immer jung und fit und dynamisch zu bleiben (das Altern wird verdrängt) oder wenn es um die Imperative geht: „Kaufen Sie jetzt... rufen Sie jetzt an.... jetzt, jetzt, jetzt....

Beispiel:

USA - die rollenorientierte Gesellschaft

In USA sind rollenorientierte Verhaltensweisen gut zu studieren. Im Flugzeug komme ich sehr schnell mit einem Ami ins Gespräch, er/sie erzählt mir die halbe Lebensgeschichte. Sie reagieren höflich und scheinbar interessiert, wenn ich etwas sage „Oh, really ?". Die Leute sind nett, offen und aufeinander bezogen - aber nach unserem Geschmack auch etwas ‚oberflächlicher‘. Die Menschen sind viel risikofreudiger: weniger soziale

Sicherheit, schnellere Entlassungen, schnellere Veränderungen. Die meisten Impulse der modernen Entwicklung kommen aus USA, wo die Menschen stets das Neue suchen - das Land ‚ *der unbegrenzten Möglichkeiten'*. Die Menschen ziehen häufiger um, heiraten schneller und lassen sich leichter scheiden. Es ist das Land des Entertainments, das Land Hollywoods, wo ein Schauspieler ohne Probleme Präsident werden kann - weil es hier und dort um eine gute Show geht.

Das unbewusste *Grundproblem* der Rollenorientierten ist, **dass sie letztlich nicht wissen**, **wer sie selbst sind**. Ihnen mangelt es an wirklicher Identität. Und darin gründet ihre tiefste Angst: Sie haben Angst, kein eigenes Ich zu haben. Deshalb brauchen sie auch ständig Rollen, um dadurch eine - zumindest äußere - (Schein-) Identität zu bekommen. Die Rolle, die sie spielen, i s t ihre Identität. Deshalb brauchen sie auch ständig die Bestätigung ihres Umfeldes, weil sie im Grunde unter Ich-Schwäche leiden.

Mit Aggression gehen Rollenorientierte leicht um. Sie sind in der Regel nicht sehr nachtragend, können aber im Konfliktfall heftige ‚Szenen' machen. Sie steigern sich schnell in ihre Rolle hinein, wenn es sein muss auch mit Aggression. Die Aggression ist dabei mehr ein Stilmittel als eine echte, tiefe Wut, deshalb ist sie nicht so intensiv und anhaltend. Im Konfliktfall drehen Rollenorientierte gerne den Spieß um, vor allem, wenn sie in der Defensive sind. Am stärksten reagieren sie aggressiv in Situationen, in denen sie Verantwortung übernehmen sollen oder sich festgelegt fühlen. Manchmal ist für sie Angriff die beste Verteidigung.

4.1 Lebensgeschichtlicher Hintergrund

Die rollenorientierte Persönlichkeit entwickelt sich vom 4. - 6. Lebensjahr. Von der natürlichen Anlage her sind diese Kinder sehr gefühlsmäßig, lebendig und spontan. Psychologisch gesehen ist dies die Lebensphase der Realitätsprüfung und -annahme. Die Kinder haben das, was die Erwachsenenwelt als Realität präsentiert, zu verinnerlichen und anzuerkennen. Dazu bedarf es intensiver Führung und Beziehung durch die Eltern in dieser Phase. Rollenorientierten hat es in dieser Phase oft an positiven Vorbildern, an intensiver Beziehung und Führung gefehlt. Wenn Kinder in dieser Lebensphase zu wenig Aufmerksamkeit und Orientierung erhalten oder aber in einem ‚goldenen Käfig' aufwachsen, wo sie nur geliebt werden wegen der Rolle, die sie für die Eltern spielen, dann entwickelt sich ein rollenorientiertes Verhaltensmuster. Die Kinder gewinnen den Eindruck, als eigene Wesen nicht wichtig oder interessant genug zu sein. Mit ihrem Verhaltensmuster des Auffallens versuchen sie dann, diese negative Glaubensüberzeugung auszugleichen.
Heutzutage gehört zum lebensgeschichtlichen Hintergrund meist eine Mischung aus Vernachlässigung und Verwöhnung. Besonders ist dies an alleinerziehenden Müttern zu beobachten: Sie können dem Kind keinen Vater liefern, wofür sie sich schuldig fühlen. Die Kinder sind sich lange Zeit allein überlassen, da die Mutter arbeiten muss, was das Schuldgefühl verstärkt. Die Mütter gleichen dann ihre eigenen Schuldgefühle dem Kind gegenüber mit materieller Verwöhnung und Inkonsequenz aus, was notwendig ein rollenorientiertes Muster beim Kind fördert.

4.2 Typische Krankheiten

Rollenorientierte bilden keine spezifischen Krankheiten aus, vielmehr neigen Sie zu allen möglichen Krankheiten. Oftmals finden wir unter diesen Menschen überdurchschnittlich viele **Hypochonder**, die sich alle möglichen Krankheiten einreden oder auch wirklich bekommen. Der Krankheitsverlauf ist meist dramatisch, wobei das oft schwer von außen zu beurteilen ist, wie dramatisch es wirklich ist. Sie vermitteln dem Umfeld öfter den Eindruck, jetzt gleich sterben zu müssen - natürlich glauben sie das auch selbst in der Situation. Aber erstaunlicher Weise überleben sie doch recht gut. Dafür gibt es eine Tendenz zum **Selbstmord**. Vor allem Künstler wählen diese Art, wenn ihre Wirkung auf andere nachlässt und sie alt werden.

Wie erkenne ich Rollenorientierte?

Kleidung/Äußeres
Rollenorientierte investieren sehr viel in ihren Zwang aufzufallen. Sie haben oft neue Frisuren (vor allem bei Frauen mit wechselnden Farben, siehe Madonna), wechseln ihr Brillengestell, ihr Auto, ihren Partner... Ihr Auto hat immer etwas Besonderes (Sportwagen bevorzugt, Coupe, Cabrio, tiefergelegt, grelle Farben...). Achten Sie auch auf Ringe, Uhren und Schmuck - alles wird etwas auffallender aussehen. Rollenorientierte Männer tragen gerne Gold- und Silber-Kettchen um Hals und Handgelenk, auch Ohrringe oder Ähnliches. Ihre Kleidung fällt oft durch intensive bis grelle Farben auf. Sie heben sich aus der Masse heraus. In

Gruppen sind sie leicht zu identifizieren, weil sie schnell im Mittelpunkt des Geschehens sind.

Autos:
Rollenorientierte fahren natürlich auffallende Autos: grelle Farben, Cabrios, Sportwagen aller Art, tiefergelegte Modelle, Sonderausführungen, Off-Road-Autos auch in der Stadt (Jeep und ähnliches) absolute Lieblingsautos sind natürlich Porsche, Ferrari, BMW Z 3 und ähnliche Wagen. Für den bescheidenen Geldbeutel bieten sich grelle Kleinwagen an, wie z.B. der Polo Harlekin und ähnliches. Die Autos haben immer irgendwelche auffallenden Extras, deshalb sind sie sehr leicht zu identifizieren.

4.3   Typisches Kritik- und Konfliktverhalten

Rollenorientierte meiden Konflikte. Wenn es unausweichlich für sie wird, nutzen sie Konflikte zur Selbstdarstellung. Kritik ist ihnen verhasst, weil sie dabei zumeist an ihre Verantwortung erinnert werden. Dennoch nehmen sie Kritik nicht so schwer. Oft hat sie wenig Nachwirkung: Zum einen Ohr rein, zum andern wieder raus. Nur sehr selten kratzt Kritik wirklich am Selbstwert des Rollenorientierten, ganz im Gegenteil zum Ordnungsorientierten! Einige Rollenorientierte provozieren sogar Kritik, weil es eine Möglichkeit ist, aufzufallen und wahrgenommen zu werden. Dieses Verhaltensmuster ist oft bei Kindern zu beobachten. Sie tun negative Dinge, um aufzufallen, da sie unter mangelnder Wahrnahme leiden.
Im Konfliktfall wählt der Rollenorientierte gerne die Flucht (auch in Form von Verdrängung, Ablenkung, Ignoranz). Er wird alles herunterspielen, bagatellisieren („nun machen Sie

mal aus einer Mücke keinen Elefanten!") Eine andere Strategie ist, die Schuld auf andere abzuwälzen ("Ich bin ja nur *deinetwegen* hier her gefahren - *du* hast uns hier hineingeritten!") Sowohl bei der Kritik als auch im Konfliktfall beginnt der Kampf mit dem Rollenorientierten beim Punkt Verantwortung. Nur wenn er sich festgelegt fühlt, kämpft der Rollenorientierte - dann aber auch mit allen Tricks. Lüge, Intrige, Schauspiel, gefälschte Unterlagen - alles ist möglich! Denken Sie daran: rollenorientierte Menschen sind sehr kreativ!

4.4 Tipps zum Umgang mit Rollenmenschen

In der Kommunikation & Argumentation beachten Sie:

- Beginnen Sie jedes Gespräch mit Aufmerksamkeit für Ihr Gegenüber. Diese Menschen haben in der Regel immer irgendetwas Besonderes an sich, das Sie erwähnen können. „Eine schicke Kette tragen Sie da", oder: „Ihr Brillengestell ist ja wirklich sehr ausgefallen...".
- Argumentieren Sie locker und interessant.
- Zeigen Sie sich von Ihrer humorvollen Seite.
- Vermeiden Sie Beamtendeutsch.
- Vermeiden Sie das Herumreiten auf Regeln, Gesetzen und ähnlichem.
- Geben Sie ausreichend Raum und Zeit zur Selbstdarstellung des anderen.
- Reden Sie nicht zu lange um den Kern des Themas herum, Rollenorientierte sind höchst ungeduldig und schnell von anderen Impulsen abzulenken.
- Ihre eigenen Redebeiträge sollten kurz, prägnant und interessant sein.
- Bemühen Sie sich darum, interessant zu wirken. Sobald Sie langweilig werden, verliert Ihr Gegenüber das Interesse an Ihnen und wendet sich anderen Dingen zu.
- Zeigen Sie auf, wie Ihr Argument die Bedeutsamkeit des anderen unterstützt.
- Betonen Sie das Neue und Aufregende in Ihrer Argumentation.

- Zeigen Sie auf, inwiefern der Andere Vorteile für sein Image, seine Wirkung aus Ihrem Argument ziehen kann.
- Oder zeigen Sie auf, welchen Schaden der andere in seinem Image und seiner Wirkung nehmen kann, wenn er nicht auf Ihr Argument eingeht.
- Sie können diese Menschen provozieren, schocken, überraschen alles - nur nicht langweilig sein, nur nicht als „Erbsenzähler" auftreten!
- Ziehen Sie alle Register Ihrer Schauspielkunst, liefern Sie eine gute Show - das weiß der Rollenorientierte zu schätzen!
- Arbeiten Sie mit Übertreibungen, überziehen Sie bewusst Ihre Darstellungen.
- Nutzen Sie für Ihre Argumentation sinnliche und optische Hilfen: bunte Darstellungen, interessante Grafiken, Bilder, Fotos, Farben, Gerüche, Video.
- Vermeiden Sie auf jeden Fall lange Statistiken, Zahlenreihen, alles Abstrakte
  Daten, Fakten und Zahlen wirken oft langweilig.
- Machen Sie es kurz, knackig, bunt und interessant.

Hinweise für Führungskräfte

Wenn Sie rollenorientierte Menschen zu führen haben:

- Diese Menschen kommen wie gerufen für Ihren Außendienst!
- Setzen Sie diese Menschen für alles ein, was mit Verkaufen und PR zu tun hat.
- Vermeiden Sie die Zusammenarbeit mit ordnungsorientierten Mitarbeitern.
- Lassen Sie die Rollenorientierten nicht verantwortlich mit Geld arbeiten.
- Vermeiden Sie ordnende und verwaltende Tätigkeiten für diesen Personenkreis.
- Nutzen Sie die Phantasie und Visionskraft dieser Menschen für Ihre Planungsvorhaben. Sie sind gute Vorreiter, engagieren sich für Neues und haben einen „guten Riecher" für außergewöhnliche und zündende Ideen.
- Bestehen Sie auf dem Zusammenhang von Freiheit und Verantwortung, wenn Sie den kleinen Finger reichen, dann lassen Sie sich nicht den ganzen Arm auskugeln...
- Vermeiden Sie übertriebene Strenge, aber bleiben Sie auf jeden Fall konsequent.
- Überprüfen Sie von Zeit zu Zeit den Realitätsgehalt dessen, was diese Mitarbeiter, vor allem im Außendienst, dem Kunden verkaufen. Das Bedürfnis, andere für sich einzunehmen, kann diese Menschen

verführen, Leistungen zu versprechen, die nicht realisiert werden können.

- Vereinbarungen sollten Sie grundsätzlich schriftlich festhalten, das hilft diesen Mitarbeitern, Realitäten und Verantwortlichkeiten anzuerkennen.
- Vermitteln Sie oft Lob und Anerkennung.
- Lassen Sie diese Menschen besser im Team als allein arbeiten.
- Setzen Sie die Mitarbeiter für Präsentationen ein.
- Geben Sie diesen Menschen öfter neue und interessante Aufgaben.
- Vereinbaren Sie Spielregeln und überprüfen Sie deren Einhaltung.
- Vermeiden Sie Ignoranz diesen Mitarbeitern gegenüber, schenken Sie ausreichend Beachtung!

Hinweise zum Umgang mit dem Chef

Wenn Sie von rollenorientierten Menschen geführt werden:

- Geben Sie ausreichend Beachtung, nehmen Sie die Besonderheiten bewusst wahr (neues Auto, neue Brille, neuer Anzug/Kostüm...).
- Bringen Sie Ihre eigenen Ideen ein, auch spontan.
- Vereinbarungen schriftlich festhalten.
- Sehr gute Aktenordnung, da Ihr Chef das sicher nicht hat, wohl aber braucht.
- Aktennotizen anfertigen und aufheben.

- Auftritte nach außen dem Chef überlassen.
- Erarbeiten Sie strukturelle Vorgaben und Entscheidungsvorlagen.
- Übernehmen Sie die Detailarbeit, Ihr Chef will damit nicht belästigt werden, er ist für den „großen Wurf" zuständig.
- Reagieren Sie flexibel auf neue Situationen und nicht geplante Veränderungen, die jeden Tag eintreten können.
- Erwarten Sie keine klaren Vorgaben, arbeiten Sie so selbständig und eigenverantwortlich wie möglich.
- Kommen Sie bei Präsentationen schnell auf den Punkt, Ihr Chef ist schnell gelangweilt.
- Präsentieren Sie interessant, witzig und kurz.
- Legen Sie Prioritäten und den eigenen Zeitplan selbst fest.
- Erwarten Sie im Konfliktfall keine Rückendeckung vom Chef, er wird eher sehen, dass er sein eigenes Image rettet.
- Realisieren Sie vor allem die ordnungsorientierten Tugenden, die Ihrem Chef fehlen, aber machen Sie es dezent, nicht mit Druck oder Vorwurf.

Hinweise für die Partnerschaft

- Sie haben einen gutaussehenden, auffallenden und sicher interessanten Partner/Partnerin gefunden. Jetzt lernen Sie das Leben von der leichten, fröhlichen und unverbindlichen Seite kennen. Richten Sie sich auf Überraschungen und kurzfristige Ideen Ihres Partner/Partnerin ein.

- Leider hat Ihr Partner/Partnerin nicht die Treue erfunden. Er oder sie ist leicht verführbar durch die Aufmerksamkeit und den Reiz des anderen Geschlechts. An diesem Punkt wird es mit Sicherheit Probleme geben, es sei denn, Sie haben selbst stark rollenorientierte Anteile und tolerieren das.

- Eine wirkliche Partnerschaft wird es nur sehr schwer mit stark Rollenorientierten geben, da dies ja die intensivste Form des Einlassens und Festlegens bedeutet. Zudem fehlt dem Rollenorientierten das Gefühl für eine eigene starke Identität. Das eigene Ich ist aber die Voraussetzung für eine wirkliche Partnerschaft.

- Ihr Partner/Partnerin braucht viel Bewunderung und Aufmerksamkeit, das kann auf Dauer anstrengend sein, vor allem, wenn Sie selbst andere Persönlichkeitsschwerpunkte haben.

- Das tägliche Leben wird öfter etwas chaotisch ausfallen, da ihr Partner/Partnerin dazu neigt, die getroffene Vereinbarungen zu brechen oder nicht einzuhalten. Unpünktlichkeit ist für Rollenorientierte eine Selbstverständlichkeit. Das wird ihre Toleranz strapazieren.

- Besonders in finanzieller Hinsicht neigt ihr rollenorientierter Partner/Partnerin dazu, das Geld mit vollen Händen auszugeben. Er/sie kann oft dem eigenen Kaufimpuls nicht widerstehen und wird so das gemeinsame Konto oft überziehen. Also: sichern sie sich ihr eigenes Geld, machen sie sich finanziell unabhängig.
- Richten sie sich darauf ein, dass langfristige Planungen in der Regel nicht funktionieren. Ihr Partner/Partnerin liebt die Spontaneität und oft werden Sie ihre gemeinsame Planung zugunsten neuer, spontaner Ideen über den Haufen werfen müssen.
- Gegenüber anderen Menschen lassen Sie Ihrem Partner/Partnerin immer die Show. Rollenorientierte sind in der Regel nicht nachtragend, doch ihm oder ihr die Show zu stehlen, ist eine tiefe Demütigung.
- Rollenorientierte neigen oft zu Übertreibungen und überzogener Selbstdarstellung, das wird Ihnen sicher manchmal peinlich sein, vor allem in der Öffentlichkeit. Verzichten Sie in solchen Situationen auf schulmeisterliche Belehrungen Ihres Partners/Ihrer Partnerin.
- Rollenorientierte brauchen so viel Bestätigung von außen, dass Sie allein das nicht leisten können. Deshalb wird sich Ihr Partner/Partnerin oft in Gruppen aufhalten wollen, um dort im Mittelpunkt von vielen zu stehen. Sie müssen also Ihren Partner/Ihre Partnerin oft mit anderen teilen.

- Die Angst Ihres Partners/Partnerin, etwas zu verpassen, wird ihnen ein aktions- und abwechslungsreiches Zusammenleben bescheren. Viel Spaß!

5. Die häufigsten „Mischformen"

5.1 Distanz-/Beziehungsorientiert

Diese Menschen zeichnen sich durch eine hohe Sensibilität aus, die Ihnen erhalten geblieben ist und ihnen auch im zwischenmenschlichen Umgang zur Verfügung steht, anders als beim klassischen Distanzorientierten, wo die Sensibilität oft überlagert und verdrängt ist. Ihre körperliche Erscheinung ist eher schlank, sie machen meist einen schüchternen, manchmal geradezu zerbrechlichen Eindruck. Sie sind sehr gute Zuhörer, können ausgezeichnet analysieren und sind sehr einfühlsam. Aber sie sind auch leicht verletzlich, da ihre Sensibilität ungeschützter und offener ist. Wie der Distanzorientierte stehen sie nicht gerne im Mittelpunkt und Vordergrund, sondern ziehen sich eher zurück. Ihr Gefühlsleben ist aber sehr gut entwickelt, so dass sie von ihrem Wesen her Beziehungsmenschen sind. Ihr Auftreten ist eher leise und vorsichtig. Fordern fällt ihnen schwer, ebenso das Austragen von Konflikten. Sie brauchen viel Ruhe um sich herum und Harmonie. Wir finden diese Menschen vor allem im Umfeld der Grünen und Alternativen, denn sie sind sehr naturverbunden, lehnen Gewalt und Krieg in der Regel ab und fühlen sich mit der ganzen Schöpfung innerlich verbunden. Ihre Hobbys sind Lesen, Wandern, Kunst und Kultur.
Hellblau sowie alle Blautöne, oft auch schwarz sind ihre Lieblingsfarben.

5.2 Distanz-/Ordnungsorientiert

Menschen mit diesen beiden Hauptanteilen sind äußerlich oft schlank und zeigen eine distanzorientierte Körperhaltung. Ihr Charakter ist aber durchaus leistungs- oder gar machtorientiert. Die emotionale Kühle und Distanz können sich mit dem starken Willen nach Macht und Anerkennung verbinden. Wir treffen diese Menschen oft in der Politik an, wo es um Macht und Berechnung geht. Ebenso in der Wirtschaft als Manager. Aber auch in allen anderen technischen und wissenschaftlichen Berufen sind diese Menschen anzutreffen. Sie sind leistungsstark, haben eine kühle und berechnende Art, kennen oft wenig Erbarmen mit ihren Gegnern. Mitleid ist ihnen - zumindest im Geschäfts- und Berufsleben - ein Fremdwort. Sie können sehr direkt auf ihre Ziele zusteuern, wobei sie bei der Wahl ihrer Mittel nicht zu Skrupeln neigen. Emotional sind sie wenig ansprechbar, nur beim Themen Macht, Erfolg und Sicherheit springen sie auch gefühlsmäßig an.
Überwiegt der Distanz-Anteil (schlanke Körperhaltung), wirken sie kühl und berechnend. Diplomatie ist nicht ihre Stärke. In der Politik oder in öffentlichen Ämtern treten sie oft ins "Fettnäpfchen". Überwiegt der Ordnungs-Anteil (massiger Körper), werden sie sich mehr für Macht und Einfluss interessieren und können zu regelrechten Despoten ausarten. Da sie auf niemanden emotional angewiesen sind, können sie auch gegen den Rest der Welt enorme Alleingänge wagen.

5.3   Distanz-/Rollenorientiert

Diese Mischung kommt heutzutage immer häufiger vor, sie wird sozusagen von der modernen Gesellschaft produziert. Vor allem junge Menschen nehmen immer stärker eine solche Entwicklung. Es ist die Fun-Generation, die sich stark in diese Richtung entwickelt. Wirkliche, dauerhaft-tragende Beziehungen werden nicht eingegangen, ja geradezu vermieden. Das Single-Dasein ist typisch für diesen Persönlichkeitstyp. Diese Menschen wollen ganz und gar unabhängig sein, ihr eigenes, möglichst unbeschwertes Leben führen, viel Spaß und wenig Verpflichtung dabei haben. Gemeinschaften sind locker und unverbindlich. Häufig wechselnde Partner sind normal, wobei Triebbefriedigung und Spaß an erster Stelle stehen. Der Begriff des Lebensabschnittsgefährten hat hier seine Wurzel. Die Werbung zeigt uns zunehmend solche Menschen, die unter dem Motto "Loop up your life" jeden Abend einen anderen Sex-Partner anrufen, aber mit niemandem wirklich zusammenleben. Wir finden diese Menschen hauptsächlich in Service-Berufen, z.B. in Hotels, als Flugbegleiterinnen, in der Werbe- und Computerbranche oder als Verkäufer, Trainer und junge Börsen- oder Immobilienmakler. Viele "Yuppies" gehören hier her, allerdings haben sie noch einen stärkeren ordnungsorientierten Anteil.

Menschen mit der Mischung aus distanz- und rollenorientierten Anteilen wirken äußerlich freundlich, oft aber ist diese Freundlichkeit maskenhaft und kühl, es verbirgt sich kein wirkliches Interesse am anderen dahinter. Diese Menschen sind sehr flexibel, wechseln öfter nicht nur den Partner, sondern auch den Job und das Land, in dem sie leben. Sie sind offen für Neues, schlagen aber nirgends Wurzeln, sondern entwickeln sich im Laufe des Lebens zu modernen Nomaden. Sie kommunizieren viel, begegnen aber wenig oder gar nicht. Nähe lassen sie nicht zu, was sie sich oft nicht eingestehen, weil sie selbst gar nicht mehr wissen, wie sich wirkliche seelische Nähe anfühlt. Sie verwechseln ihre Rolle der Freundlichkeit mit echter Freundlichkeit. Ihr Leben ist leicht, abwechslungsreich, etwas oberflächlich und arm an wirklichen Beziehungen. Diese Menschen sind innerlich einsam, leiden aber nicht darunter, weil sie diese Einsamkeit oft nicht mehr fühlen können. Es ist die Generation des Internets, des Cyber-Sex, des Chattens, der Flexibilität. Die globale Gesellschaft fordert mehr und mehr diese Art Mensch und setzt sie voraus. Es sind die Kinder unserer Zeit, die selbst keine Kinder mehr haben möchten, weil das viel zu verpflichtend und bindend für sie ist.

5.4   Beziehungs-/ Ordnungsorientiert

Diese Mischung zeichnet den deutschen Normalbürger aus. Otto-Normal-Verbraucher ist Mutter oder Vater einer Familie, liebt seine Kinder, ist in irgendeinem Verein oder engagiert sich anderswo, vielleicht in der Schule oder im Kindergarten. Seine Welt ist klein, übersichtlich und geordnet. Größere Ausschläge werden vermieden. Abweichungen von der Norm erzeugen Misstrauen und Ablehnung. Diese Menschen führen ein angepasstes, normales Leben. Sie verlassen, wenn es geht, nicht für lange den Bereich, in dem sie aufgewachsen sind. Den inneren Blickpunkt verlassen sie oft das ganze Leben nicht. Sie sind umgänglich, kompromissbereit und gesellig. Sie schauen abends am liebsten im Fernsehen die Hitparade der Volksmusik oder eine schöne Talk-Show, von der sie auch wirkliche Einsichten mitnehmen. Ihr Leben verläuft in geordneten Bahnen, wobei die Ordnung zu Hause zunehmend die Unordnung draußen in der Welt ausgleichen muss. Diese Menschen haben ihre lieben kleinen Ordnungsmacken: das Werkzeug muss in einer ganz bestimmten Reihenfolge liegen, das Besteck muss nachgetrocknet werden mit dem Tuch, die Schuhe müssen ausgezogen werden, der Rasen wird sehr regelmäßig geschnitten... so ist das kleine Glück perfekt. So lange das gut funktioniert, sind diese Menschen angenehme Zeitgenossen, auch wenn sie manchmal auf der Autobahn links fahren, um den nachfolgenden Verkehr, vor allem die Raser, auf die Geschwindigkeitsbegrenzung aufmerksam zu machen. Ihnen ist nicht an der großen Macht gelegen, auch nicht an der steilen Karriere. Sie wollen vor allem eines: Ihre Sicherheit und Ruhe, vor allem im Privaten. Darauf ist das ganze Leben ausgerichtet. Zu Hause gibt es klare Regeln, die unbedingt befolgt werden sollten ("Also, bei uns wird nur auf dem Balkon geraucht"), aber Kinder und Freunde werden rührend unterstützt. Diese Menschen stellen die Gruppe der typischen Sparer und Versicherungsnehmer dar.

Sie sind sparsam, denken viel an später und sichern sich gegen mögliche Katastrophen ab. In der Regel haben diese Menschen ein gutes Herz, sind umgänglich und bemüht um ein gutes Miteinander.

5.5 Beziehungs-/ Rollenorientiert

Dieses Persönlichkeitsmuster ist häufig bei Frauen anzutreffen. Beide Muster haben ja viel mit einander gemeinsam: Sowohl der Beziehungs- als auch der Rollenorientierte sind auf die anderen Menschen angewiesen, der eine auf Liebe, der andere auf Bestätigung. Insofern ist diese Mischung häufig, oft wechselt das eine in das andere. Zum Beispiel neigen viele Schauspieler im Alter zu Depressionen. Wenn sie nicht mehr den Erfolg haben, ihre Wirkung nachlässt, reagieren sie depressiv und fallen in das Muster des Beziehungsorientierten. In der Regel sind solche Menschen offen, interessant, gesellig und fähig zu wirklicher Beziehung. Ihr rollenorientierter Anteil lässt sie interessant erscheinen, ihr beziehungsorientierter Anteil lässt sie bezogen sein. Leider finden diese Menschen oft lange nicht den richtigen Partner. Da sie ein schwach ausgeprägtes Selbstwertgefühl haben, ziehen sie zu oft falsche Partner an, die sie ausnutzen oder nicht wertschätzen. Ihre große Gefährdung liegt in allen Süchten, zu denen sie neigen.

5.6 Ordnungs-/ Rollenorientiert

Obwohl sich hier Gegensätze vereinen, ist diese Mischung dennoch häufig. Die Amerikaner sind oft von dieser Art: Sie spielen eine Rolle, diese dann aber perfekt! Die ganze amerikanische Gesellschaft, bis hoch zum Präsidenten, ist eine solche Mischung. Vom Schauspieler zum Präsidenten (Ronald Reagan) - mach' deine Show perfekt!

Diese Menschen zieht es zu einer Mischung aus Macht und Aufmerksamkeit, darum finden wir sie vor allem in der Politik.

In der älteren Generation treten uns diese Menschen vor allem als „Lebemänner" entgegen: dunkelblauer Blazer mit einem Wappen und goldenen Knöpfen, helles offenes Hemd mit einem Seidentuch anstelle einer Krawatte, dazu eine helle Hose mit weißen Schuhen. Das Gesicht immer sonnengebräunt, auch im Winter durch permanenten Solariumsbesuch. Dazu einen dunkelgrünen Jaguar mit hellen Sitzen und Edelholzlenkrad. Die klassische Dame trägt einen großen, auffallenden Hut und fährt ein Mercedes Coupe.

In der jüngeren Generation treten uns diese Menschen im Showgeschäft (z.B. Stephan Raab) und in der Politik (z.B. FDP) entgegen.

6. Der neue Typ Mensch in unserer Gesellschaft: distanz-, macht- und rollenorientiert

In der gesamten westlichen Welt kommt seit einigen Jahren ein neuer Typ Mensch an die Macht: ich nenne die meist jungen Menschen „**die Schwarzen**". Denn schwarz ist ihre Grundfarbe und zugleich ihre Erkennung: schwarze Autos und schwarze Anzüge sind wichtige Insignien ihres Lebensstils. Es sind die Kinder der späten 50ziger, der 60ziger und 70ziger Jahre. Heute sind die Ältesten von ihnen Anfang 50zig, doch alles, was nachfolgt, zeigt ähnliche Charakterschwerpunkte: junge, dynamische, vor allem ehrgeizige Männer und Frauen, deren höchste Lebenswerte Status, Image, Karriere, Macht, Geld und Anerkennung sind. Sie gehen keine emotionalen Bindungen mehr ein – weder privat noch wirklich beruflich. Auch haben sie keine Kinder oder höchstens eines, um den Status zu wahren.

Ihre Wohnungen sind kühl, wie sie selbst: große Fenster ohne Gardinen, so dass die Sicht freigegeben ist auf eine spärliche, aber sehr teure Einrichtung. Hier und da ein paar Designermöbel oder ein teures Bild. Gemütliche Teppiche suchen wir vergebens. Ihre Lieblingsmaterialien sind kühle Metalle, Chrom, Glas, Marmor und Stein.

Ihre Autos sind zu 80% schwarz, der Rest ist silbern. Bestimmte Automarken gehören zum absoluten Muss: BMW, Audi, Mercedes, Saab Cabrio, Offroader (in der Stadt natürlich) – aber nur schwarz oder silbern. Auch beruflich kleiden sich diese Menschen am liebsten schwarz, Männer benutzen gerne Gel für ihr kurzes Haar. Die Kleidung muss auf jeden Fall markengerecht sein: Hugo Boss, Armani und andere teure Marken sind Pflicht und eine

Selbstverständlichkeit. Ihr Ehrgeiz lässt diese Menschen zu Höchstleistungen auffahren. Sie arbeiten länger und härter als Otto-Normalverbraucher. Und sie verdienen dafür viel mehr Geld, das sie in ein sehr anspruchsvolles Freizeitverhalten investieren. Extremsportarten stehen hoch im Kurs. Wir finden diese Menschen in den Fitness-Zentren der großen Städte, bei Afterwork-Partys und beim abendlichen Rennradfahren. Alle Freizeitaktivitäten finden auf einem sehr hohen materiellen Niveau statt. Teure Ausrüstungen sind angesagt, weite Reisen und die Suche nach dem immer neuen Kick.

Doch auch wenn sie vorgeben, sich mit einer Firma zu identifizieren, so stimmt das nicht wie bei früheren Generationen. Diese Menschen arbeiten nur für sich selbst, für ihr persönliches Vorankommen, für ihren ganz egoistischen Erfolg. Wirkliche emotionale Bindungen gehen sie nicht mehr ein, auch nicht mit der Firma. Es sind rationale Zweckbündnisse, die in aller erster Linie dem eigenen Ego dienen. Langfristigkeit und emotionale Bindungen sind diesen Menschen fremd. Sie leben und denken in kurzen Zeiträumen, auch legen sie sich nicht wirklich fest.

Die Seele dieser Menschen spiegelt die innere Armut unserer Weltzeit wieder: Sie sind aufgewachsen unter ärmlichsten emotionalen Verhältnissen. Es sind die Kinder des Wirtschaftswunders, wo Mutter und Vater nach dem Motto lebten: „Schaffe, schaffe, Häusle baue...". Im Elternhaus standen deutsche Ordnung, Leistung und materielle Werte absolut im Vordergrund. Emotional jedoch sind sie verkümmert aufgewachsen. Oft sind sie als Einzel-,

Trennungs- Verwöhnungs- oder Scheidungskinder aufgewachsen. Sie standen nicht wirklich im Vordergrund ihrer Eltern, sondern stattdessen der materielle Wohlstand, den es zu erreichen galt. Ihr innerster Hunger und Durst nach Zuwendung, nach warmen, Geborgenheit vermittelnden Gefühlen blieb unerfüllt. Ebenso ihr Wunsch nach eigenständiger Beachtung durch die Eltern. Die Welt zeigte sich ihnen kalt und unemotional. So zogen sie selbst schon sehr früh ihre eigenen Gefühle zurück, die sie nun lebenslang wohl nicht mehr wiederfinden.

Heute ist die schwarze Generation *gefühlskalt* und *distanziert*. Sie merken es selbst nicht mehr, weil sie keine Vergleiche kennen und ihr emotionaler Zustand für sie normal ist. Da es die Eltern versäumt haben, sich emotional diesen Kindern zuzuwenden, sind sie egozentrisch geworden. Ihr innerer Mangel hat sie zu Egoisten werden lassen. Auch wenn diese Menschen ab und zu von wirklicher Beziehung träumen, so sind sie doch längst unfähig dazu geworden. Die tiefe *Beziehungsunfähigkeit* dieser Generation liegt einerseits im eigenen emotionalen Mangel begründet, der einen übersteigerten Egoismus zum Ergebnis hat und zum andern in der tiefen Angst, verletzt zu werden, weshalb diese Menschen jede Art von emotionaler Abhängigkeit vermeiden. Liebe und wirkliche Beziehung bedeuten immer Abhängigkeit, deshalb vermeidet diese Generation beides. Sie leben als Single und Lebensabschnittsgefährten in lockeren, unverbindlichen Affären, auf die das alte Wort „Beziehung" nicht mehr wirklich zutrifft. Wenn sie aus Statusgründen oder vermeintlicher Liebe doch einmal heiraten, dann nur mit Ehevertrag, in welchem die folgende Trennung bereits

181

mental vorweg genommen wird. Gefühlsmäßig ist diese Generation ärmer als arm, obwohl sie selbst nicht darunter bewusst leidet, sondern sich den Leidensdruck mit Arbeit- und Freizeitaktivitäten verdrängt. Da sie aber ihren eigenen emotionalen Mangel nicht mehr bewusst wahrnehmen und keine wirkliche Bindungen mehr eingehen und eingehen können, werden sie gesellschaftlich *gefährlich*. Denn sie handeln *kühl, berechnend und emotionslos*. Besonders in Unternehmen drückt sich das durch harte Entscheidungen, Entlassungen und durch die Zerstörung von sozialen Strukturen aus. Ihre innere Beziehungslosigkeit befähigt diese Menschen zu erbarmungslosen Entscheidungen, vor allem, wenn es um menschliche Schicksale geht. Denn es zählt für sie letztlich nur die eigene Karriere.

Ihr Ehr-*Geiz* speist sich aus einem sehr tiefen Mangel an Anerkennung und mangelndem Selbstbewusstsein. Darum fällt es ihnen leicht, sich anerkannten Autoritäten unterzuordnen, um ihre eigenen Ziele zu erreichen. Dementsprechend ist auch ihr Konfliktverhalten organisiert: Um ihre eigenen Ziele zu erreichen, ordnen sie sich höheren Autoritäten unter. Dabei zeigen diesen Menschen eine überdurchschnittliche Anpassungsfähigkeit. Für ihren persönlichen Erfolg werden sie glatt und geschmeidig, erfüllen alle geforderten Vorgaben und dienen fast bedingungslos den Wünschen der über ihn stehenden Autoritäten. Doch alle Menschen unter und neben ihnen begegnen sie im Konfliktfall sofort mit der Forderung nach Unterordnung oder mit der drohenden Vernichtung: des Arbeitsplatzes, des guten Rufes. „So wie ich will oder gar nicht" ist ihre Devise im Konflikt mit Untergebenen oder sogenannten Partnern. Damit sind diese Menschen gefährlich, da sie schneller als andere und entschlossener zu aggressiven Taktiken und Entscheidungen neigen.

Einer ihrer größten Mängel ist eine *fehlende* klare und stabile *Identität*. In gewisser Weise und im Vergleich mit früheren Generationen sind diese schwarzen Leute *identitätslos*. Sie wissen nicht mehr, wer sie wirklich sind. Ihnen fehlt ein intensives und natürliches Gefühl für die eigene Identität. Und genau dieser Umstand macht diese Menschen so flexibel. Wer nicht weiß, wer er ist, kann jeder und alles sein. Diese schwarze Generation ist so flexibel wie keine vor ihr. Da sie keine emotionalen Bindungen eingehen, haben sie in der Regel keine wirklichen Heimatgefühle mehr, keine Familie, keine Kinder. So können sie weltweit eingesetzt werden, ohne darunter zu leiden. Aber nicht nur örtlich sind diese schwarzen Menschen außerordentlich flexibel, sondern auch *inhaltlich*. Ihre unterentwickelte Persönlichkeit ist nicht mehr an bestimmte Inhalte gebunden. Sie können in jeder Branche und zu jedem Thema eingesetzt werden, Hauptsache, es ermöglicht ihnen den nächsten Karriereschritt, Erfolg, Image, Status und Geld. Die Vertiefung in einzelne Spezialbereiche gehört nicht zum Wesen dieser Generation, sondern vielmehr das Rechnen und Jonglieren mit Zahlen. Kompetentes Fachwissen, das entlang einer konkreten Wertschöpfungskette gewachsen ist, fehlt ihnen zumeist. Diese neue Generation bevorzugt die Rolle des Generalisten. Sie haben oft Betriebswirtschaftslehre oder Jura studiert und bieten sich als die neuen Besen an, die ohne Skrupel kehren. Als erstes kehren sie in der Regel Arbeitsplätze hinweg, gefolgt von gewachsenen sozialen Strukturen, zu denen sie keinen Bezug mehr haben.

Ihre mangelnde Identität macht diese Menschen zu Rollenspielern. Hinter ihrem durchaus intensiven Einsatz für ihren Erfolg steht oft mehr Schein als Sein, mehr Rechnen als fachliche Kompetenz.

Aufgrund ihrer Bindungsschwäche und Flexibilität kann und will diese schwarze Generation keine Langfristigkeit mehr schaffen. Ihr Lebens- und Arbeitsstil folgt dem Motto: „von der Hand in den Mund". Sie fördern und fordern den schnellen, gegenwartsnahen Erfolg. Zukünftige Konsequenzen sind ihnen egal, da sie innerhalb von 2-4 Jahren ohnehin die Firma oder den Job wechseln und dann nicht mehr für langfristige Folgen verantwortlich sind. Indem diese schwarze Generation zunehmend zur Elite wird, weil sie wie keine andere soziale Schicht skrupellos und ehrgeizig nach der Macht greift, wo immer sie sich anbietet, zerstören diese Menschen in der ganzen Gesellschaft Langfristigkeit und Nachhaltigkeit.

Ich sehe in der schwarzen Generation eine sehr *ernsthafte Gefahr für unsere gesellschaftliche Entwicklung*. Soziale Strukturen werden geopfert, Langfristigkeit und Nachhaltigkeit zerstört und unmöglich gemacht. Die allgemeine Atmosphäre in unserer Gesellschaft wird rasant von diesen Menschen geprägt: Ehrgeiz, Machtwille, soziale Kälte und Angst sind die Ergebnisse deren Wirkens. Noch lassen sich die Unternehmen vom schnellen Erfolg der Zahlen blenden, die diese Menschen produzieren. Doch schon in wenigen Jahren werden viele Unternehmen zerschlagen und verschwunden sein, weil die sozialen Strukturen zerstört und jede Art von Nachhaltigkeit unmöglich geworden sind. Ein Unternehmen ist für diese neue schwarze Generation wie eine Zitrone, die so lange fest ausgepresst wird, bis kein Tropfen mehr herauskommt, um dann weggeworfen zu werden. So auch die dort tätigen Menschen: Pressen, ausdrücken, wegwerfen – das scheint die Divise dieser neuen schwarzen Generation zu sein. Soziale Verantwortung kennen sie nicht mehr. Innerhalb der Unternehmen, in denen die „Schwarzen" führen, kommt es zu Demotivation und Frustration unter den Mitarbeitern. Der kalte, nur auf den eigenen Erfolg ausgelegte Umgangsstil, lässt Fairness, soziale Kompetenz und so einfache Dinge wie Einfühlungsvermögen und menschliches Verständnis vollkommen vermissen. Auf der Mitarbeiterseite führt das zu Angst, Rückzug, mangelnder Identifikation mit der Arbeit und dem Unternehmen und schließlich zu Resignation und dem „Dienst nach Vorschrift". Diese von den „Schwarzen" zerstörte zwischenmenschliche Atmosphäre und Identifikation führt letztendlich zu schlechteren Produkten, da es den an der Wertschöpfungskette arbeitenden Menschen irgendwann einfach egal ist, was aus dem Unternehmen und den Produkten wird.

Da Karriere, Erfolg, Image, Status, Geld und Macht die obersten Werte dieser Menschen sind, spielt die Arbeit eine überdurchschnittliche Rolle in deren Leben. Sie füllt vorübergehend die ganze innerliche Leere dieser Menschen aus, hier und nur hier holen sie sich ihre Anerkennung. Die Freizeit dient dem Zeigen dessen, was sie haben und dem Vergleichen im sportlichen Wettkampf, der den beruflichen Wettkampf übergangslos ablöst.

Noch ist schwer abzusehen, wie sich diese Menschen im Alter fühlen und verhalten, da die Ältesten erst Ende 40zig oder gerade Anfang 50zig sind. Den jüngsten Erfahrungen nach läuft diese schwarze Generation Gefahr, früh am Herzinfarkt oder Schlaganfall zu sterben, und zwar in den ersten beiden Jahren des Vorruhestandes. Sie selbst haben ein System installiert, in welchem Menschen ab Mitte 40zig als alt und mit jedem weiteren Jahr als immer wertloser gelten. Dieses System schlägt gegen die schwarzen Menschen selbst zurück und stößt die ersten Vertreter dieser Generation bereits jetzt in den Vorruhestand. Der Verlust von Karriere, Status, Image und Macht führt zur Erfahrung der absoluten inneren Leere und zum Absturz in das existenzielle Nichts, da keine stabilen sozialen Bindungen den Verlust der Arbeit abfedern. Zurzeit steigt die Zahl derer dramatisch an, die in den ersten beiden Jahren ihres Vorruhestandes plötzlich sterben. Und das nicht aus physischen, sondern aus psychischen Gründen. Der Absturz in die über Jahrzehnte verdrängte Sinnlosigkeit und Leere der eigenen Persönlichkeit wirkt oft tödlich.

Ich möchte noch einmal ausdrücklich auf die Gefahren und destruktiven gesellschaftlichen Wirkungen hinweisen, die diese schwarzen Menschen verursachen. Sie bilden eine identitätslose Elite, die sich anschickt, unser Land zu führen, wirtschaftlich, politisch, gesellschaftlich. Diese Generation ist das Ende aller Eliten, da ihr einziges Credo der kühle, berechnende und letztlich verantwortungslose Egoismus ist. Wir müssen im großen Stil Gegenmaßnahmen einleiten, die sich wieder an Werten wie Langfristigkeit, Nachhaltigkeit, sozialer Verantwortung und Zukunftsfähigkeit unserer Systeme orientiert. Der schwarze, glatte, identitätslose, kalt berechnende Egoist und Karrierist muss wieder abgelöst werden durch wirkliche Persönlichkeiten mit Ecken, Kanten und Profilen. Andernfalls steuern wir auf die wohl größte gesellschaftliche Krise der Neuzeit zu.

Wir brauchen, um gesellschaftlich zu überleben, wieder eine wirkliche Elite der Verantwortung; Menschen, die über sich selbst hinausdenken; Menschen mit einer eigenen Identität, mit einem stabilen Charakter und Wertsetzungen, die unsere Gesellschaft langfristig stabilisieren. Wenn wir die Schwarzen gewähren lassen, ist unsere Zukunft bedroht.

Der Autor

Klaus Koeppe, Jahrgang 1959, studierte Philosophie, Ev. Theologie und Soziologie in Berlin. Er arbeitete von 1992 bis 2020 als freiberuflicher Lebensberater, Seminarleiter und Coach, sowie als Buchautor.

Bücher von Klaus Koeppe bei Amazon

<u>Heilung & Psychologie:</u>

- **Die mentale Hausapotheke.**
  Seelische Ursachen und Bedeutungen von Krankheiten

- **Die Botschaften der Allergien.**
  Seelische Ursachen und Bedeutungen

- **Traumwissen.**
  Der Traum – Selbsterkenntnis und Lebenshilfe

- **Die anderen und sich selbst besser verstehen.**
  Menschenkenntnis für den alltäglichen Gebrauch

- **Vorbereitung auf die große Reise – den Tod.**
  Ein Kursbuch

- **Der verlorene Mann.**
  Wege, ihn wiederzufinden

- **Stimme des blauen Mannes**.
  Ein indianisches Medizinbuch

- **Konflikte verstehen und lösen**.
  Ein Mitdenkbuch

- **Zeit für heilende Gedanken**.
  Spirituelle Impulse für die Heilung des Geistes

- Das letzte Drehbuch. Spirituelle Kurzgeschichten

Philosophie & Gesellschaft:

- **Minderwertigkeitskomplex und Allmachtwahn.**
  Die psychische Krankheit der westlichen Zivilisation

- **Warum?**
  Eine Hinführung zum philosophischen Denken

- **Verschwörung!**
  Ein Versuch, den Wahn zu verstehen

- **Lebensgedanken.**
  Aphorismen, Gedanken und Einsichten

- **Die Macht der Symbole in unserem Alltag.**
  Von der Kunst, mit Symbolen zu kommunizieren

- **Märchenstunde für Erwachsene.**
  Was uns die Grimm'schen Volksmärchen wirklich
  erzählen

- **Was ist Spiritualität?**
  Ein Klärungsversuch

Und das:

- **Der alte Mann im Baum.**
  Gute-Nacht-Geschichten (4 – 11 Jahre)

- **Fräulein von Bernburg.**
  Fantastische Kurzgeschichten

- **Das letzte Drehbuch.**
  Spirituelle Kurzgeschichten

www.ingramcontent.com/pod-product-compliance
Lightning Source LLC
Chambersburg PA
CBHW060258290526
45789CB00001B/351